LES LARMES DU LAGON

Né en 1971 à Neuchâtel en Suisse, Nicolas Feuz a étudié le droit, obtenu le brevet d'avocat et exercé comme juge d'instruction. Aujourd'hui procureur de la République, il s'est lancé dans l'écriture de romans noirs en 2010.

Paru au Livre de Poche :

BRUME ROUGE

L'ENGRENAGE DU MAL

HERESIX

HORRORA BOREALIS

LE MIROIR DES ÂMES

L'OMBRE DU RENARD

NICOLAS FEUZ

Les Larmes du lagon

SLATKINE & CIE

ISBN : 978-2-253-24554-4 – 1re publication LGF

À ma Meli Melo

« Une tombe est toujours la plus sûre forteresse contre les assauts du destin. »

Georg Christoph LICHTENBERG (1742-1799)

Prologue

La nuit polynésienne enveloppait de son voile le petit motu inhabité : quelques centaines de mètres carrés de sable blanc avec, au centre, une forêt de ces pins australiens qu'on appelle ici *aito* et, de l'autre côté du lagon, après la pointe nord de Toopua, les lumières dansantes de Vaitape, la ville principale de Bora-Bora. Mais la femme ne les voyait pas. Elle marchait le long de la plage tête baissée, son fardeau dans les bras, arpentant ce coin de paradis qui était devenu pour elle un enfer.

Elle était épuisée. Ses pieds nus foulaient lourdement le sable tiédi par la nuit. Il faisait encore doux, une bonne vingtaine de degrés. Bientôt, l'aube laisserait place à une nouvelle journée radieuse, le thermomètre monterait au-dessus de trente degrés.

La femme portait dans ses bras un enfant qui n'était pas le sien, un petit garçon de deux ans. Il dormait, épuisé lui aussi, et affaibli par le mal qui le rongeait de l'intérieur. Il avait besoin de soins.

L'enfant ignorait que les dernières heures avaient été fatales à sa mère et à sa grand-mère. La femme ne lui avait rien dit. Aurait-il seulement compris ? Elle ne se sentait pas la force de lui expliquer.

Le lagon était calme. Un léger vent d'est balayait la cime des *aito*. Le sifflement de l'alizé se confondait avec le lointain bercement des vagues retenues par la barrière de corail. La femme s'accroupit et déposa délicatement l'enfant endormi sur le sable. Elle grimaça en se redressant, son corps tout entier la faisait souffrir. Une douleur diffuse irradiait son dos, ses articulations craquaient comme celles d'une vieille, la plante de ses pieds écorchés par les coraux n'était plus que lambeaux. Sur la plage du petit motu, des traces de sang marquaient son cheminement sur le sable.

Elle fit un effort pour dégager le petit sac étanche de son dos endolori, ses épaules et sa nuque craquèrent. Elle ouvrit le sac et sortit le téléphone crypté que Tanja lui avait remis. Les deux numéros figuraient parmi les derniers appels.

Elle composa d'abord un +689, indicatif de la Polynésie française. L'heure importait peu, on lui répondit. Elle parla d'un ton détaché, presque absent, son interlocuteur lui fit répéter son récit pour s'assurer du sérieux de l'appel, puis lui demanda de ne pas bouger, un bateau allait arriver.

La femme composa ensuite le second numéro, un +41, l'indicatif de la Suisse. La voix qui lui répondit annonça spontanément d'un ton enjoué :

« Bonjour, amour !

— Bonjour, répondit la femme d'une voix hésitante. Je… je ne suis pas qui vous croyez. »

À en juger par le bruit de fond, son interlocutrice devait être en voiture.

« Tanja, c'est toi ?

— Non, je ne suis pas Tanja. Je suis désolée. Je…

— Qui êtes-vous ?

— Peu importe qui je suis. Vous êtes Flavie ?

— Oui.

— J'ai quelque chose à vous dire…

— Que se passe-t-il ? Où est Tanja ? »

La femme ne savait pas comment l'annoncer à cette inconnue. Tanja lui avait un peu parlé de Flavie, sans entrer dans les détails. Elle lui avait simplement demandé de la prévenir s'il lui arrivait malheur. Elle hésita, puis dit abruptement :

« Tanja est morte. Je suis désolée. »

Elle raccrocha et éteignit son téléphone. Flavie rappellerait immanquablement. L'idée de devoir lui donner des explications, d'entendre ses pleurs lui était insupportable.

« Je suis désolée », répéta-t-elle plusieurs fois.

Vingt minutes plus tard, le petit bateau de la brigade territoriale de Bora-Bora accosta sur la plage du motu Tapu. Les deux gendarmes trouvèrent la femme et l'enfant à l'endroit qu'elle avait indiqué par téléphone. Elle les supplia de conduire en priorité le petit garçon dans l'hôpital le plus proche.

« C'est votre fils ? demanda une gendarme.

— Non, il vient de perdre sa mère.

— Comment s'appelle-t-il ?

— Loran.

— Et sa mère ? demanda son collègue qui s'était agenouillé à côté de l'enfant étendu sur le sable.

— Elle s'appelait Tanja Stojkaj, répondit la femme, des larmes plein les yeux. Elle est morte cette nuit. »

PREMIER JOUR

1

Tanja raccrocha. Flavie avait l'air d'aller mieux. Elle faisait enfin le deuil de sa fille. Elle avait annoncé triomphalement à Tanja qu'elle avait vidé la chambre de la petite et qu'elle préparait les cartons pour le déménagement. « Une page de ma vie se tourne, une autre va s'écrire… »

Tanja en doutait.

C'était leur troisième conversation cryptée depuis que Tanja avait fui la Suisse. Flavie avait conclu ce dernier échange par une phrase qui sonnait faux : « J'ai tellement hâte que tout redevienne comme avant. Tu me manques. Je t'aime. » Flavie se berçait d'illusions. Les circonstances rendaient impossible tout rapprochement. Et ce n'était pas à cause de la distance géographique ou du décalage horaire. D'ailleurs, Flavie ignorait que Tanja avait trouvé refuge de l'autre côté de la planète. Il y avait tout le reste : l'emprisonnement de Tanja, son évasion, son jugement par défaut et le mandat d'arrêt international lancé contre elle. Ou plutôt contre la légende qu'elle avait créée pour ses missions d'infiltration sous le nom d'Alba Dervishaj.

Et puis, surtout, il y avait les mensonges : Flavie Keller, le procureur Norbert Jemsen qu'elle assistait et le commissaire Daniel Garcia, les trois seules personnes qui avaient accordé leur confiance à Tanja, ignoraient que sa mère et son fils étaient en vie.

Tanja posa le téléphone crypté et se dirigea vers la porte. La sonnette de l'entrée retentit une seconde fois. Méfiante, elle ouvrit le tiroir d'une commode, prit le pistolet qui s'y trouvait et le cacha dans son dos en ouvrant de sa main libre.

Le facteur la salua.

« *Ia Orana !* Bonjour ! »

Avec ce large sourire qui caractérise la joie de vivre permanente des Polynésiens, il lui tendit un colis estampillé de timbres français. Il n'y avait pas de nom sur le paquet.

« Bonjour, répondit Tanja, mais je doute que ce soit pour moi.

— Je ne sais pas, répondit le facteur d'un ton enjoué. Vous êtes Hélène ? »

Il faisait référence au nom du faré, la maison traditionnelle dans laquelle Tanja s'était installée depuis peu, sur le motu Piti A'au. Le nom d'Hélène était gravé sur une plaque d'*aito*, le « bois de fer », comme le surnommaient les autochtones en raison de sa résistance.

Tanja lui sourit, mais resta sur ses gardes.

« Si vous voulez… »

Avec ses cheveux rasés, l'ex-inspectrice ressemblait un peu à Sigourney Weaver dans *Alien 3*. La dureté de ses traits était légèrement adoucie par le bleu roi du paréo qui épousait les maigres formes de son corps. Elle reprenait peu à peu du poids et des forces, mais le chemin vers la rédemption était long. Le facteur insistait en lui tendant le colis :

« Il y a six mois que ce paquet traîne en poste restante au guichet de Vaitape, avec un mot indiquant qu'un jour une femme occupera ce faré et que le paquet devra lui être remis. Ce jour est apparemment arrivé. »

Tanja prit le colis, remercia le Polynésien d'un petit *mauruuru* prononcé avec un accent suisse appuyé, et referma la porte.

En regardant l'oblitération des timbres, Tanja comprit que ce paquet provenait de l'homme, aujourd'hui décédé, qui lui avait légué le faré. Elle prit un couteau dans la cuisine et ouvrit le colis. Il pesait son poids en dépit de sa petite taille. À l'intérieur, elle trouva un lingot d'or accompagné d'un simple mot : *Il aurait été dommage que tout se perde à jamais. La vie est chère en Polynésie française. Amicalement, Éric Beaussant.*

Laissant le lingot sur la table de la cuisine, Tanja gagna la terrasse du faré. Elle sentit une boule nouer ses entrailles, les larmes lui monter aux yeux. Elle alluma une cigarette et se promit que ce serait la dernière.

De rares nuages résistaient encore à la chaleur et s'accrochaient aux versants du mont Otemanu, qui dominait l'île de Bora-Bora et les mille tons de bleu du lagon auquel le ciel n'ajoutait qu'une nuance. Un léger vent du large irisait les flots transparents où raies, requins et balistes cohabitaient en parfaite harmonie.

Tanja tira quelques bouffées, puis elle éteignit sa cigarette et traversa le jardin. Elle prit la direction de la plage, entre deux rangées de frangipaniers et de tiarés. Au pied des cocotiers, des crabes avaient creusé des trous et disparaissaient dans le sable en entendant ses pas. Tanja ne les remarqua pas, elle était songeuse. Pour la centième fois, elle ressassait le fil des événements qui l'avaient conduite dans ce coin de paradis.

Au tribunal, le procureur Jemsen avait prononcé contre elle un réquisitoire modéré, mais une phrase résonnait encore dans les oreilles de Tanja quand ses pieds foulèrent le sable blanc : « Jusqu'où une mère est-elle prête à aller pour défendre son enfant ? » À cette question, Tanja n'aurait pu donner qu'une seule réponse : « Aucune limite. » La quiétude et la liberté de sa famille n'avaient pas de prix.

Il n'y avait personne sur la plage, à part la mère de Tanja qui jouait dans l'eau du lagon avec Loran. Par chance, l'enfant était trop jeune pour se rendre compte de ce qui s'était passé. Du haut de ses deux ans, il entrait dans l'eau et en ressortait en poussant des éclats de rire dès que sa grand-mère faisait mine de l'éclabousser.

Quand Loran aperçut Tanja, il s'exclama « *Nënë !* », « Maman ! » en albanais, le seul mot qu'il avait assimilé. Il courut vers elle et lui montra fièrement un petit coquillage, duquel deux minuscules pinces tentaient de s'extraire.

« C'est un bernard-l'ermite », lui dit Tanja en s'asseyant sur le sable chaud.

Loran posa le crustacé à côté d'elle et se mit à

gambader le long de la plage. Il allait et revenait avec ses trouvailles, des coquillages, des morceaux de coraux morts, des fleurs de tiaré, des cosses sèches de noix de coco, dont chaque fois sa mère lui donnait le nom en français. Il affichait un sourire vainqueur et repartait aussitôt à la chasse d'un nouveau trésor. Lorsqu'il posa sa dernière découverte à ses pieds, Tanja sursauta, horrifiée.

2

Tanja se leva d'un bond, sous les yeux stupéfaits de Loran. Croyant qu'il avait fait une bêtise, l'enfant se mit à pleurer. Un couple de bulbuls à ventre rouge s'envola d'un cocotier en poussant des cris stridents.

« Où as-tu trouvé ça ? »

Loran peinait à ravaler ses larmes. Il se frottait les yeux et ne regardait pas sa mère. Tanja savait qu'il ne répondrait pas.

« Surtout, ne bouge pas. »

Tanja marcha vers le bord de la plage, s'accroupit et rinça la découverte de son fils dans l'eau claire du lagon. Elle avait encore l'infime espoir que ses yeux fatigués lui aient joué un tour, mais, une fois dessablé, le petit objet confirma sa première impression.

Entre son pouce et son index, Tanja tenait un doigt humain.

Attirée par les pleurs de son petit-fils, Erina Stojkaj était sortie de l'eau. Tanja cacha instinctivement le doigt en refermant son poing. Le contact du bout de chair froide dans le creux de sa main la fit frissonner.

« Qu'est-ce qui se passe ? demanda la septuagénaire.

— Rien de grave », mentit Tanja.

Sa mère n'insista pas. Erina était habituée aux réponses évasives de sa fille, à ses réflexes de policière, à la culture du secret. Elle se dirigea vers son petit-fils, enveloppa son corps mouillé dans un paréo vert citron et s'assit sur sa serviette de bain, l'enfant blotti dans ses bras. Durant les mois d'incarcération de Tanja à la prison de Lonay, Erina était devenue le principal point de repère de Loran, son unique refuge, une mère de substitution.

Accroupie au bord de l'eau, Tanja rouvrit la main. Le doigt était sectionné à la première phalange. La coupure n'était pas nette, les chairs mortes étaient déchirées, légèrement jaunies par un début de putréfaction. Un bout d'os apparaissait, blanchi comme si on l'avait nettoyé.

Le doigt était plutôt fin. Tanja pensa d'abord à celui d'une femme, puis se ravisa. L'ongle était intact, coupé au ras de la peau et sans traces de vernis. Le doigt aurait aussi pu être celui d'un jeune homme ou d'un adolescent, probablement de type européen : malgré la décoloration des chairs, Tanja n'imaginait pas que ce soit celui d'un Polynésien.

Tanja referma le poing et se dirigea vers sa mère et son fils. Loran ne pleurait plus, mais des larmes perlaient encore sur ses joues. Sa grand-mère le tenait étroitement serré dans ses bras.

« Tu n'as rien fait de mal, mon amour. Mais il faut que je sache où tu as trouvé le dernier objet que tu m'as rapporté. C'est important. »

Elle gardait le poing serré. Erina ne comprenait

pas à quoi sa fille faisait allusion, mais elle s'abstint de toute question, se contentant de caresser le dos de son petit-fils.

Loran avait l'air un peu perdu, partagé entre un sentiment de culpabilité et l'envie de faire plaisir à sa mère. Il regardait la plage avec hésitation, tentait de reconstituer ses souvenirs comme pouvait le faire un enfant de deux ans. Il avait sillonné la plage de long en large, ramassé tant d'objets qui avaient titillé sa curiosité. Son regard finit par se poser sur un petit ruisseau qui traversait le sable blanc et se déversait dans le lagon. Il pointa son index dans cette direction.

Tanja connaissait ce ruisseau. C'était un petit chenal qui traversait le motu de part en part, et qui reliait les eaux du grand large à celles du lagon. Elle remonta jusqu'à une vasque d'eau limpide entourée de végétation tropicale, en amont de la plage. Des centaines de poissons multicolores se laissaient bercer par le faible courant qui sortait d'un conduit creusé dans la roche. La bouche circulaire ne mesurait pas plus d'un mètre de diamètre et était grillagée par des barreaux d'acier espacés de quelques centimètres. Au fond de la vasque, des oursins noirs tapissaient les cailloux éparpillés sur le sable. On devinait aussi quelques concombres de mer et des anémones dans lesquelles des poissons-clowns avaient élu domicile. Des balistes, des poissons-perroquets, des poissons-coffres et d'autres espèces aux couleurs éclatantes scintillaient sous les feux du soleil.

Tanja perçut un mouvement derrière la grille, comme l'ondulation d'une draperie. L'animal était dans l'ombre du conduit, mais il était de taille plus imposante que les autres. Son corps anguilliforme, brun tacheté de noir, frôla les barreaux et ondula de nouveau. Tanja devina une nageoire dorsale continue, une peau lisse et épaisse ; l'animal dégageait une certaine puissance. Elle le reconnut.

La tête de la murène s'avança dans la lumière, ses yeux violets brillèrent comme deux billes d'améthyste. La murène aurait peut-être pu franchir les barreaux du conduit, mais ce qu'elle tenait fermement dans sa gueule l'en empêchait : une main humaine, sectionnée à la moitié de l'avant-bras.

3

Tanja traversa le motu par un sentier sauvage qui serpentait au milieu de la végétation luxuriante. Deux ou trois cents mètres séparaient le lagon de la barrière de corail. La faune terrestre était plutôt rare. De temps en temps, un oiseau, un gecko ou un *tupa*, le crabe terrestre, fuyait à l'approche de ses pas.

En cet endroit du motu, le décor n'avait rien de la carte postale idyllique. Les touristes n'y venaient jamais. La flore n'était pas entretenue comme aux abords des hôtels de luxe disséminés aux quatre coins de l'île. Le sol était jonché de branches et de palmes desséchées, tombées naturellement ou arrachées par les tempêtes tropicales qui pouvaient frapper la Polynésie française durant la période estivale, entre décembre et avril.

Tanja se fraya un chemin jusqu'au rivage. Il y avait peu de sable du côté océanique, mais un littoral essentiellement volcanique, avec de la roche acérée et des marmites creusées par l'érosion. Entre le motu et le grand large, quelques dizaines de mètres d'eau calme et peu profonde précédaient le récif corallien et les fonds marins. Un faible vent balayait la côte, la houle envoyait les vagues se briser contre la barrière de corail. Une vingtaine de kilomètres au sud-est, on devinait à travers la brume le sommet de Taha'a, qui partageait le même lagon avec Raiatea, son île sœur.

Tanja savait où se trouvait l'entrée du conduit, côté océanique. Elle releva son paréo, dévoilant ses jambes devenues trop fines, rendues presque squelettiques à cause des épreuves qu'elle avait endurées. Elle arpenta le plateau érodé, enjamba les espaces où l'eau cristalline s'infiltrait entre la roche. Dans les moindres interstices, les couleurs de la faune marine rappelaient les tons éclatants des tableaux de Gauguin.

L'entrée du conduit faisait face à l'océan, au fond d'une petite anse naturelle, creusée dans le littoral basaltique. Au ras de l'eau, une grille rouillée, similaire à celle de la vasque, empêchait le charriage d'objets de trop grande taille.

Tanja vit tout de suite le corps qui flottait sur le ventre, à proximité de la grille. Le haut du dos émergeait à peine. Ce qu'elle remarqua en premier fut la longue chevelure noire qui ondulait à la surface. Le corps était nu, lacéré en de multiples endroits. Les bras écartés dévoilaient la mutilation de la main droite à hauteur de l'avant-bras. L'autre était intacte. À moitié arrachée au niveau de la cuisse, une jambe ne tenait plus que par un lambeau de peau. Le cadavre était livide, vidé de son sang. Tout autour, de petits poissons se nourrissaient paisiblement de chairs mortes.

Tanja regarda alentour. Elle ne vit aucun vêtement, aucun objet, aucun bateau qui aurait pu appartenir à la malheureuse.

Elle hésita à descendre dans l'eau, mais ne put s'y résoudre. Dans son ancien métier, elle avait été confrontée à de nombreux cadavres. Il lui était même arrivé d'en manipuler. Mais avec celui-là, ce n'était pas pareil.

Tanja n'était plus flic. Elle était en terre étrangère, à l'autre bout du monde. Il y aurait une enquête. De simple témoin, elle pourrait devenir suspecte si elle altérait la scène et compromettait les preuves. Avec son statut de fugitive, elle ne pouvait pas se le permettre.

Quand Tanja revint au faré, elle trouva sa mère et son fils dans la salle de bains. Loran prenait une douche avec l'aide de sa grand-mère, qui lui frottait les cheveux avec du shampoing.

En voyant l'air grave de sa fille, Erina lui demanda : « Où étais-tu passée ? »

Tanja s'efforça de lui sourire, mais ne répondit pas. Elle prit le téléphone crypté et composa le numéro de la gendarmerie de Vaitape.

4

Le soleil était haut dans le ciel, on approchait des heures les plus chaudes. Trois gendarmes plongeurs avaient sorti le corps de l'eau et l'avaient emballé dans une housse en plastique. Ils avaient ensuite récupéré la main sectionnée vers la sortie du conduit. La murène avait disparu.

Tandis que les plongeurs ramenaient le corps sur le bateau amarré côté lagon, Tanja avait convié les autres à la suivre jusqu'au faré.

Abritée sous les arbres, la maison procurait un peu de fraîcheur. Pas de climatisation, mais un grand ventilateur suspendu au plafond brassait l'air dans le séjour.

Le faré était vide. Après avoir appelé la gendarmerie, Tanja avait demandé à sa mère d'emmener Loran sur l'île principale, sans plus d'explications. Erina n'avait posé aucune question, mais elle n'était pas dupe. Elle connaissait sa fille, elle avait tout de suite compris que quelque chose n'allait pas : Tanja avait la même mine sombre que lors de cette fameuse nuit à Lausanne, dans leur ancien appartement de la rue Neuve, quand elle avait organisé leur fuite à l'étranger, peu avant d'être arrêtée.

Tanja servit des rafraîchissements aux trois enquêteurs. Deux étaient en uniforme de la gendarmerie, pantalon bleu marine et polo bleu ciel avec des insignes, des Français du continent. Le major Lionel Lettermann, la cinquantaine, était le commandant de la brigade de Bora-Bora, qui comptait une petite dizaine d'hommes. La gendarme Sandrine Gonnet était plus jeune que lui. Le troisième ne s'était pas encore présenté, il était resté un peu en retrait. C'était un Polynésien avec de l'embonpoint et des cheveux légèrement grisonnants, difficile de lui donner un âge. Il portait un large short beige et une chemise verte à fleurs.

« *Ia Orana*, dit-il en tendant la main à Tanja avec un sourire un peu timide. Je m'appelle Reva Temauri, je suis médecin au centre médical de Vaitape.

— Notre légiste », compléta Lettermann.

Tanja avait compris. Elle retira du réfrigérateur le doigt qu'elle avait enveloppé dans de la cellophane, puis entouré d'un bout de tissu. Elle s'était bien gardée de dire aux enquêteurs que c'était son fils qui l'avait découvert sur la plage. Il était hors de question d'exposer Loran aux questions des gendarmes. Elle tendit donc sa trouvaille au légiste et dit :

« J'ignorais qu'on pratiquait des autopsies à Vaitape.

— Vous avez raison, répondit Lettermann. D'ordinaire, nous rapatrions les corps au centre hospitalier du Taaone à Papeete. Mais le docteur Temauri est un spécialiste des morsures de requins et de murènes. Il se contentera de procéder à un premier examen externe des blessures et nous fera gagner un temps précieux. Ma brigade va être sur la brèche ces prochains jours et nous n'aurons que peu de temps à consacrer à cette enquête.

— Pour quelle raison ?

— Je ne suis pas autorisé à vous le dire, mais vous comprendrez très bientôt en lisant les journaux. »

Lettermann regarda le mobilier de la petite maison.

« Je connais ce faré, dit-il. Il a appartenu à mon prédécesseur, Éric Beaussant. Vous le connaissez ?

— Non, mentit Tanja. Nous avons loué ce bungalow par une agence de voyages.

— Nous ?

— Avec ma mère et mon fils.

— Où sont-ils ?

— Au marché de Vaitape. Ils ont pris la navette à l'Inter-Continental et reviendront dans l'après-midi. Mais ils ne sont pas au courant de ce qui s'est passé ici. Si vous pouviez…

— Nous resterons discrets, dit le major. Mais je ne peux pas vous promettre que les médias le seront aussi.

— Les médias ? s'étonna Tanja.

— Les attaques de requins sont plutôt rares en Polynésie française. Mais comme partout ailleurs, dès qu'il s'en produit une, on a droit à une couverture médiatique mondiale et totalement disproportionnée, souvent alimentée par la recherche du sensationnel.

— Parce que vous concluez déjà à une attaque de requin ? »

Lettermann se tourna vers le docteur Temauri, qui comprit qu'on lui laissait le soin de répondre.

« Il est fort peu probable que la murène soit responsable de ce décès, répondit le médecin. La murène peut atteindre trois à quatre mètres et elle est dotée d'une force incroyable. Elle est munie d'une double mâchoire, la première dans sa bouche avec des dents acérées qui ne servent qu'à maintenir sa proie, et la seconde au fond de sa gorge, la mâchoire pharyngienne, qui s'avance et sectionne les aliments. J'ai déjà vu une murène couper en deux une de ses congénères, gober un poulpe entier ou arracher le doigt d'un plongeur. Mais le plus gros danger pour l'homme est de mourir noyé. Si la queue de la murène est enroulée autour d'un rocher et que le plongeur n'a pas de couteau pour se dégager, elle peut le maintenir fermement sous l'eau durant des heures. La murène a un excellent odorat, mais une vue médiocre. Elle est carnivore, mais, comme le barracuda, elle a un penchant pour les carcasses. Si la murène que vous avez vue dans le chenal a éventuellement pu arracher le doigt de cette femme post mortem, je doute qu'elle ait pu sectionner son avant-bras et sa jambe. L'autopsie le dira, mais a priori, je pencherais plutôt pour un *parata*.

— Un requin longimane, traduisit Lettermann. Aussi appelé "pointe blanche du large". Ce requin est responsable de l'attaque la plus meurtrière de l'histoire contre des êtres humains. Avez-vous déjà entendu parler du naufrage de l'*USS Indianapolis* ? »

5

Dans la nuit du 29 au 30 juillet 1945, l'*USS Indianapolis* rentrait sans escorte en direction des Philippines, après une mission ultrasecrète sur l'île de Tinian, dans l'archipel des Mariannes. Ils étaient mille deux cents marins à bord quand, peu après minuit, deux torpilles japonaises brisèrent en deux le croiseur américain. La surprise fut totale, le navire de guerre n'était pas doté d'un sonar pour détecter les sous-marins et, en raison des paramètres de sa mission, l'*USS* naviguait seul. Des messages de détresse furent envoyés, l'ordre d'évacuer fut donné. Le croiseur s'enfonçait rapidement dans les flots noirs. Des hommes se jetaient du bastingage, heurtaient parfois la coque avant de rebondir dans l'eau. À la lueur des flammes, on voyait la poupe surélevée et les quatre hélices qui continuaient de tourner dans le vide. En douze minutes, l'océan engloutit le monstre d'acier long comme deux terrains de football.

Neuf cents marins parvinrent à sauter dans l'eau pour échapper au feu. Des gémissements et des cris résonnaient dans la nuit. Munis de gilets de sauvetage, les survivants se regroupèrent par grappes de trente ou quarante.

L'espoir de voir les secours arriver s'amenuisait d'heure en heure. Personne n'avait répondu aux appels de détresse.

Les requins apparurent aux premières lueurs du jour. Les rescapés à la dérive voyaient les ailerons tourner autour d'eux. Des centaines de squales rôdaient sans discontinuer. Certains mesuraient jusqu'à trois ou quatre mètres. Ils commencèrent par se nourrir des cadavres qui flottaient. Puis vint le tour des vivants.

Les requins tournaient en rond. Puis de temps à autre, comme la foudre, l'un d'eux fondait sur une grappe, bousculait les marins, en prenait un au hasard et l'entraînait vers le fond. Certains hommes hurlaient, d'autres martelaient l'eau ou donnaient des coups de pied. À chaque attaque, c'étaient des cris, des éclaboussures, des nuages de sang dans l'eau. Et toujours plus de squales arrivaient.

Le quatrième jour, chaque groupe de trente ou quarante marins avait été réduit à une dizaine. Mais les requins n'en étaient pas la cause principale.

Sous le soleil brûlant, sans eau ni nourriture, les hommes mouraient de déshydratation. Beaucoup s'épuisaient et se noyaient. Il faisait si chaud le jour que les marins priaient pour que la nuit tombe, leur peau cloquait. Et quand il faisait noir, ils priaient pour que le jour revienne, parce qu'il faisait si froid que leurs dents claquaient.

Luttant pour rester en vie, cherchant désespérément de l'eau douce, terrorisés par les requins, certains survivants commençaient à délirer, imaginant des îles à l'horizon ou des sous-marins amis venant à la rescousse. Un marin crut que l'*Indianapolis* n'avait pas coulé, mais qu'il flottait à portée, juste sous la surface. Il savait que l'eau potable était conservée sur le deuxième pont du navire. Il décrocha son gilet de sauvetage et plongea. Quand il émergea, il cria aux autres qu'il avait trouvé de l'eau, qu'elle était bonne et que tout le monde devait se servir. Il buvait de l'eau salée. Il mourut peu de temps après.

Au coucher du soleil, un Lockheed Ventura de la marine américaine survolait la zone à quatre cent cinquante kilomètres de la terre la plus proche. Son pilote repéra les survivants et donna l'alerte. Un hydravion fut dépêché sur place. Jusqu'à la tombée de la nuit, son équipage sauva autant de marins qu'il put, allant jusqu'à attacher des hommes aux ailes de la machine lorsqu'il n'y avait plus de place dans l'avion, pour les transporter jusqu'à un destroyer en approche.

Quand le navire arriva sur zone, son commandant ordonna d'utiliser les projecteurs pour chercher les groupes de marins disséminés dans l'obscurité. Certains, aveuglés par la lumière, crurent voir des anges descendant du ciel.

Sur les neuf cents marins qui avaient réussi à quitter le navire au moment du naufrage, trois cents survécurent, rompus, recuits par le sel et le soleil. Certains passèrent des semaines à l'hôpital, perdant ongles et cheveux. Ils conservèrent des cicatrices à vie, dans leur chair et dans leur âme.

L'*USS Indianapolis* avait échappé à l'attaque de Pearl Harbor du 7 décembre 1941. Il avait participé avec succès à de nombreuses campagnes de la guerre du Pacifique : Nouvelle-Guinée, îles Aléoutiennes, îles Gilbert et Marshall, îles Mariannes. Il avait fourni un appui décisif lors de la bataille d'Okinawa et du débarquement sur Iwo Jima.

Mais surtout, quatre jours avant son naufrage, le croiseur venait de remplir son ultime mission : livrer une mystérieuse cargaison à la base aérienne américaine de Tinian, où une escadrille de bombardiers B-29 attendait. De l'uranium 235 enrichi et des composants de « Little Boy », la première bombe atomique qui allait être larguée le 6 août 1945 sur Hiroshima.

6

« Durant ces quatre jours, cent cinquante marins furent dévorés vivants par les pointes blanches du large, conclut Lettermann. Même Cousteau a décrit le longimane comme “le plus dangereux des requins”.

— C’est une histoire affreuse, dit Tanja en se servant un jus de coco. Mais c’est une vieille histoire. Éloignée dans le temps et dans l’espace.

— Détrompez-vous, répondit le major en souriant. Le Pacifique est une gouille, une petite flaque qui porte, aujourd’hui encore, les stigmates de la guerre. Bora-Bora ne fait pas exception. Avez-vous vu les bunkers et les canons qui pourrissent sur l’île ? L’Amérique a passé un accord avec la France, s’engageant à tout retirer à la fin de la guerre. Elle n’a jamais tenu parole. Il existe, encore aujourd’hui, des tonnes de bombes et de munitions au fond de la passe de Tevanui. J’ai moi-même participé à des neutralisations d’obus avec les forces armées en Polynésie française il y a quelques années. Et pour la petite histoire, *Enola Gay*, le B-29 qui a largué la bombe sur Hiroshima, a terminé sa carrière en 1946 parmi les avions engagés pour les premiers essais nucléaires dans le Pacifique. Vous voyez ? Ici, tout est lié dans l'espace et le temps. »

Tanja sourit à son tour.

« Je ne vous parle pas de guerre, major, mais de requins. C'est bien pour ça que vous êtes ici, non ? Pour déterminer ce qui est arrivé à cette pauvre femme ? »

Lettermann regarda Tanja comme s'il était déçu qu'elle n'ait pas adhéré à son récit. Il haussa les épaules.

« Les gros requins peuvent vivre plus de cent ans et parcourir des dizaines de milliers de kilomètres. Qui sait ? Peut-être que l'assassin de cette fille s'est déjà repu de quelques marins de l'*Indianapolis*.

— C'est peu probable, le contredit le docteur Temauri. Le *parata* ne vit pas si longtemps. »

Il y eut un silence dans le faré. Le major parut un instant contrarié, puis frappa dans ses mains comme pour signifier la fin de la discussion.

« Bon, ce n'est pas tout, mais nous avons du pain sur la planche. Sans compter les réjouissances qui nous attendent ces prochains jours. L'enquête sur ce malheureux accident sera menée par la gendarme Gonnet ici présente, qui va prendre vos coordonnées. »

Sandrine Gonnet sortit un calepin et un stylo, et s'avança vers Tanja. L'ex-inspectrice préféra ne pas mentir sur son identité. Le mandat d'arrêt international lancé par la Suisse était au nom d'Alba Dervishaj. La moindre erreur susciterait immanquablement la curiosité des enquêteurs, ce qui serait le pire des scénarios pour quelqu'un qui ne voulait pas attirer l'attention. Tanja se garda de dire qu'elle avait été flic.

Gonnet se tourna ensuite vers le légiste et lui demanda son numéro de portable, qu'elle nota dans son calepin. Tanja l'enregistra dans un coin de sa mémoire.

Au moment où les enquêteurs quittaient le faré, Tanja posa une dernière question :

« Au fait, vous savez qui est la victime ?

— Pas encore, répondit Lettermann. Et si c'était le cas, nous ne serions pas autorisés à vous le dire. Mais nous n'allons pas tarder à le savoir. L'île est petite et une disparition passe rarement inaperçue. Surtout s'il s'agit d'une touriste. Au revoir, madame Stojkaj. »

Un requin, une touriste, des conclusions hâtives, un légiste de fortune et une volonté de boucler l'enquête au plus vite pour se concentrer sur de mystérieuses « réjouissances » à venir. Tanja éprouvait un certain malaise à l'égard de cet officier de gendarmerie, plus prompt à étaler ses connaissances qu'à reconnaître l'évidence. Elle regarda sa montre. Sa mère et son fils ne rentreraient pas de Vaitape avant la fin de l'après-midi. Son instinct de flic reprenait le dessus. Elle alluma son ordinateur et fit quelques recherches sur Internet.

Les attaques de requins contre l'homme sont plutôt rares. Les squales souffrent d'une mauvaise réputation, liée à des croyances ancestrales et nourrie de fictions comme *Les Dents de la mer*. En réalité, les requins mangent surtout des carcasses flottantes ou des animaux malades. L'être humain ne fait pas partie de son régime alimentaire. La plupart du temps, l'attaque provient d'une erreur d'identification ou d'une curiosité excessive. Lorsqu'un requin mord un humain, il relâche sa proie et, en principe, ne revient pas à la charge. Raison pour laquelle on parle de « morsure exploratoire ».

Tanja avait trouvé quelques articles, dans *Tahiti Infos*, *La Dépêche de Tahiti* et d'autres médias du continent, consacrés à des attaques de requins en Polynésie française ces dix dernières années. À Bora-Bora en 2013, un plongeur canadien mordu à la main par un requin-citron. Au large de Moorea en 2019, une femme métropolitaine, les deux mains sectionnées et le sein gauche arraché par un requin longimane. À Bora-Bora en 2019 encore, un plongeur français mordu à la tête par un requin gris lors d'un palier à quatre-vingts mètres de profondeur. Entre Tahiti et Moorea en 2020, un surfeur polynésien attaqué par un requin-marteau. Dans le lagon de Rikitea en 2021, le plongeur d'une ferme perlière attaqué par un requin-tigre.

Deux enfants de neuf ans avaient également subi des morsures aux bras par des pointes noires, lors d'un *shark feeding*, une activité touristique consistant à nourrir des requins pour les attirer et que certains voulaient interdire. Le premier des enfants avait été mordu dans le lagon d'Anau à Bora-Bora en 2015. Le second dans le lagoonarium de Moorea en 2019, ce qui lui avait valu soixante-douze points de suture.

Ces incidents isolés confortaient Tanja dans l'idée que l'homme était le principal responsable de ces attaques. Ce qui n'excluait en rien qu'il pût en aller de même pour l'inconnue du motu Piti A'au.

Tanja fit ensuite une recherche sur les personnes disparues à Bora-Bora, mais ne trouva aucun signalement récent. Elle éteignit son ordinateur, se resservit un jus de coco et gagna la terrasse du faré. Le regard sombre, elle réfléchissait à la meilleure façon d'agir – ou de ne rien faire – quand ses yeux s'arrêtèrent sur le jet-ski d'Éric Beaussant, amarré à un petit ponton au bord de l'eau.

7

Bora-Bora compte une dizaine de milliers d'habitants, dont la moitié vit à Vaitape, sur la côte ouest, au pied du mont Otemanu. Le centre médical est au sud de Vaitape, en bordure de la route principale qui fait le tour de l'île. Deux pavillons dans l'architecture locale, construits sur un seul niveau, reliés par des couloirs transversaux et encadrés de végétation.

Le docteur Temauri était au bout du deuxième pavillon, dans la morgue. Il regardait, perplexe, le corps déposé sur la table d'autopsie improvisée. Les lésions étaient multiples et d'origines différentes. Après l'attaque du requin au large du récif, le cadavre avait dû dériver avec la houle. Les vagues l'avaient ensuite projeté contre la barrière de corail, ce qui avait provoqué de nombreuses lacérations. Jusque-là, le film qui se déroulait dans l'esprit du légiste était logique. Mais plusieurs détails ne collaient pas.

D'abord, cette jeune femme n'était pas une autochtone. Elle était de type européen, probablement une touriste. Il arrivait que des touristes se baignent seuls dans le lagon, même de nuit. Mais, en principe, ils ne sortaient jamais seuls au large du récif corallien.

Or, depuis la veille, aucun organisateur local n'avait signalé le moindre incident.

Ensuite, elle était nue, ce qui excluait *a priori* un exercice de plongée en profondeur, qui aurait nécessité une combinaison en néoprène.

Temauri pensa à une sortie en *snorkeling* ou une simple baignade. À la limite, on pouvait encore imaginer que le requin ait arraché le maillot de bain au moment où il avait mordu la cuisse. Mais le haut ? La police n'avait trouvé aucun vêtement entre le récif et le rivage, qui aurait pu expliquer un arrachage par le corail.

Monokini ? Bain de minuit ? Toutes les hypothèses restaient ouvertes, à un détail près : le requin avait mordu au moins deux fois, ce qui n'était pas dans la norme. Sauf dans les cas, interdits mais tolérés, de *shark feeding*. On en revenait à la question de l'excursion organisée. Jamais une touriste ne se serait aventurée seule à nourrir les requins au-delà du récif.

Quelque chose échappait au légiste. Il décida de repartir de zéro.

Pour le docteur Temauri, cette femme présentait tous les signes d'un choc cardiogénique consécutif à des hémorragies massives. Les morsures au bras droit et à la jambe gauche avaient laissé des traces de section des tissus, caractéristiques de la nature de l'animal, de sa taille et de son espèce. La forme de la mâchoire, son degré de courbure, la forme des dents, pointues ou triangulaires, et leur disposition, alignées ou décalées, permettraient de différencier les espèces.

Le légiste mesura une nouvelle fois les blessures. L'avant-bras droit avait été amputé et il manquait une partie des chairs et des os, mais des marques de dents demeuraient visibles. Elles n'étaient toutefois que partiellement exploitables. En revanche, la cuisse gauche présentait une large plaie circulaire. La perte de substance était importante, il manquait une grosse portion de derme, d'épiderme, de tissus sous-cutanés, de muscles et de tendons. L'os semblait intact, mais la force du squale avait arraché la tête du fémur de la hanche. La jambe gauche ne tenait plus que par un lambeau de peau.

Pour Temauri, le diagnostic était sans appel : section intégrale de l'artère fémorale. Les caractéristiques et la distance interdentaire de la morsure – la DID, comme on disait dans le jargon – étaient compatibles avec l'agression d'un *parata* d'une taille de plus ou moins deux mètres, présentant une mâchoire de vingt-deux centimètres.

La découpe des chairs indiquait que les deux morsures avaient été causées *ante mortem*, tandis que les multiples lacérations du corps présentaient des signes de lésions *post mortem*. À l'intérieur des plaies, des débris de coraux confirmaient l'hypothèse.

L'attention du légiste fut alors attirée par une entaille profonde au biceps gauche de la victime. L'entaille présentait les caractéristiques d'une coupure et non d'une déchirure. Elle aurait éventuellement pu se confondre avec la morsure d'une dent triangulaire de requin, mais elle était isolée et plus nette que les autres.

Temauri consigna l'observation sur une feuille de papier, à la suite de ses notes manuscrites, réfléchit un instant et téléphona à un ami qui travaillait au rayon boucherie du supermarché Chin Lee, à Vaitape.

8

Le jet-ski glissait sur les eaux calmes du lagon. Tanja avait enfilé un gilet de sauvetage par-dessus son bikini. Dans un petit sac étanche, elle avait emporté une paire de tongs, son paréo et le téléphone crypté.

Elle longea la plage de Piti A'au sur environ deux kilomètres vers le sud. La profondeur était de un à deux mètres au maximum, l'eau translucide. Au fond, on devinait les ondulations du sable blanc et, de temps à autre, une raie pastenague qui fuyait à l'approche du bolide.

À hauteur de la pointe de Paopao, Tanja vira en direction de l'île principale. Au fur et à mesure que la profondeur augmentait, le lagon déclinait tous les tons, du turquoise au bleu nuit.

Le jet-ski dépassa une grande pirogue à balancier qui naviguait au moteur. Un Polynésien égayait ses passagers en jouant de l'ukulélé et en chantant. Les touristes saluèrent Tanja, elle leur fit un petit signe de la main et poursuivit vers son premier point de chute : les hôtels de luxe de la pointe de Matira, l'une des plus belles plages de l'île centrale.

En cet endroit, il n'y avait aucun motu à l'horizon.

Un bon kilomètre au sud de la terre ferme, d'impressionnantes vagues s'écrasaient sur le récif corallien à fleur d'eau et marquaient la limite entre le lagon et le grand large. Elles dessinaient une longue ligne blanche d'écume, entre le ciel et l'océan.

La visite des premiers hôtels de l'île ne donna aucun résultat. Pas de touriste portée disparue, ni la moindre information pertinente. Même scénario sur l'îlot de Toopua. Çà et là, on répondit à Tanja que la gendarmerie avait déjà posé la même question, ce à quoi Tanja répliquait simplement qu'elle était journaliste.

Elle traversa ensuite la baie de Tuuraapuo, du nom de l'ancien volcan englouti dont le cratère marque les contours. Les fonds étaient d'un bleu outremer tellement limpide qu'elle apercevait au fond le ballet majestueux des raies mantas.

En remontant vers le nord de l'autre côté de l'île, Tanja longea Vaitape. Elle évita de trop s'approcher de la passe de Tevanui, que les Américains avaient dynamitée en 1942 pour permettre l'entrée des navires. Dans l'axe de la passe, la houle du large perturbait les eaux, d'ordinaire calmes, du lagon.

Un banc de dauphins accompagna le jet-ski sur plusieurs centaines de mètres, puis disparut.

Les haltes dans les hôtels de la baie de Faanui et du motu Tevairoa furent infructueuses, elles aussi. Toujours la même réponse : personne ne manquait à l'appel. Tanja poursuivit inlassablement son tour de l'île, passa devant le motu Tane, où avait vécu Paul-Émile Victor. Elle avait lu qu'à la mort de l'explorateur, en 1995, le motu, alimenté en eau et en électricité par une conduite sous-marine traversant le lagon, avait été racheté par un riche Français vivant en Californie.

Tanja s'arrêta encore dans deux hôtels de luxe au nord de Piti A'au, sans succès. Puis elle mit le cap sur l'hôtel Le Méridien.

Le Méridien est implanté sur une partie du motu Piti A'au recouverte de plantations de cocotiers. Deux pontons en forme de demi-lune conduisent à des bungalows sur pilotis et encerclent une petite plage. Sur la gauche, un débarcadère avec un abri à la charpente boisée recouverte de palmes. Devant la plage, quelques bouées.

Tanja amarra son jet-ski, descendit dans l'eau et marcha jusqu'au rivage. C'était la fin de l'après-midi, quelques touristes profitaient du soleil en sirotant des cocktails à l'ombre des arbres. Un banc de sable blanc séparait le lagon d'une lagune privée où était implanté le complexe principal de l'hôtel. Entouré d'un écrin de verdure, il abritait le restaurant, quelques boutiques et la réception.

Tanja retira son gilet de sauvetage, enveloppa son corps de son paréo et chaussa ses tongs. Elle se dirigea vers le complexe et repéra un escalier qui menait aux bâtiments. Après quelques marches, la réception s'ouvrait sur un étang artificiel avec des nénuphars et des poissons rouges. Une jeune Française de métropole en paréo, fleur de tiaré dans les cheveux, travaillait derrière un ordinateur.

«*Ia Orana*», dit Tanja.

La réceptionniste leva les yeux et lui rendit son salut avec un grand sourire.

« Que puis-je faire pour vous ?

— J'ai une requête un peu spéciale, répondit Tanja en simulant la gêne. Je suis journaliste et j'enquête sur une disparition. Est-ce que par hasard… ? »

Le regard de la réceptionniste s'assombrit.

« J'espère qu'il n'est rien arrivé à Mme et M. Bernheim, s'inquiéta-t-elle. Ils ont quitté l'hôtel la nuit dernière, sans crier gare, et depuis nous sommes sans nouvelles d'eux. »

Tanja lui demanda de décrire la femme.

« Grande, blonde, la quarantaine. »

À l'évidence, ça ne correspondait pas à la victime.

« La femme que je recherche est plus jeune, brune, avec de longs cheveux. Ça vous dit quelque chose ? »

La réceptionniste sourit.

« C'est une description assez commune sur ce continent. Mais ça pourrait correspondre à… »

Son regard s'assombrit à nouveau.

« À qui ? insista Tanja.

— À Caroline, mais ce n'est pas une touriste. Je ne la connais pas vraiment. C'est une petite nouvelle qui travaille au centre écologique, elle s'occupe des tortues. Je sais qu'elle n'est pas venue aujourd'hui et sa cheffe, Mme Carpentier, semblait inquiète. Peut-être pourriez-vous lui poser directement la question ? »

La réceptionniste sortit un plan de l'hôtel. Elle indiqua à Tanja l'emplacement du centre écologique et traça le chemin au feutre rouge.

9

Le boucher du supermarché Chin Lee tendit au docteur Temauri le cochon de lait emballé. Le légiste n'avait même pas pris la peine d'enlever sa blouse.

« *Tama'a maitai !* » dit le boucher.

« Bon appétit ! » Les mots firent sourire un couple d'Européens qui attendait dans la file.

Temauri gratifia son ami d'un petit *mauruuru*, passa à côté du couple et regagna le centre médical à pied, avec son achat sous le bras. Le porcelet pesait son poids.

Il n'y aurait pas de fête à la maison, pas de four polynésien, de grand trou creusé dans le sol, de bois sec recouvert de pierres volcaniques, de cochon sauvage enveloppé dans des feuilles de bananier et recouvert de terre ou de sable pour une cuisson à l'étouffée selon la méthode traditionnelle.

L'achat du docteur Temauri était strictement professionnel.

Homme et porc sont beaucoup plus proches qu'on ne peut le penser. Pas en raison de la couleur de leur peau, ni du hashtag féministe, mais à cause du patrimoine génétique des deux races. Récemment, la médecine a réussi une greffe de rein, puis la greffe du cœur d'un porc génétiquement modifié sur un être humain.

Utilisées en médecine légale, la peau et la chair du cochon présentent d'étonnantes similarités. Le docteur Temauri en avait fait deux fois l'expérience. Avec le cadavre d'une femme découpée à la scie par son mari et avec celui d'un commerçant de Vaitape victime de coups de couteau suivis d'un égorgement. Dans les deux cas, les essais comparatifs réalisés sur la peau d'un porc avaient permis d'identifier l'arme du crime.

Dans la salle d'autopsie improvisée, le légiste déballa puis déposa son achat à côté du corps de l'inconnue de Piti A'au. Il prit ensuite une dent de requin longimane montée sur une tige de bambou et la planta d'un coup sec dans la chair du porcelet. Puis il fit de même avec un couteau et compara les deux lésions avec la plaie que la défunte présentait au biceps gauche.

Reva Temauri était partagé entre sa formation cartésienne de scientifique et les croyances ancestrales de l'île. Cette ambivalence était même affichée sur les murs de son bureau. D'un côté, son diplôme de médecin. De l'autre, un tableau représentant la légende d'Heitarauri, un jeune garçon abandonné à sa naissance par ses parents parce qu'il n'avait pas l'air humain. Élevé par des requins, Heitarauri avait échappé au mariage avec une reine des Tuamotu qui le convoitait. De retour à Bora-Bora, il avait planté une branche de *miki miki* sur la plage de Faanui en souvenir de son périple. La légende expliquait l'apparition de cet arbre sur l'île. Temauri y croyait.

Le légiste prit son téléphone et appela la gendarmerie de Vaitape. Sandrine Gonnet n'était pas là, on lui passa Lionel Lettermann. Temauri lui résuma ses constatations. Au bout du fil, le major demanda :

« Qu'est-ce que vous préconisez ?

— J'ai peur que ce cas dépasse mes compétences en médecine légale, et notre centre médical ne dispose pas du matériel nécessaire. À mon avis, le corps devrait être envoyé par avion au centre hospitalier du Taaone à Papeete pour une autopsie conventionnelle. Par ailleurs, il faudrait aussi procéder à des prélèvements ciblés de requins autour de l'île. »

Lettermann soupira, il savait ce que ça impliquait : organiser des campagnes de pêche non létale de tous les requins dont l'espèce et la taille pouvaient correspondre aux morsures. Une fois le requin pêché, on scrutait le contenu de son estomac avec un échographe portable afin de détecter la présence potentielle de restes humains. Au besoin, on le faisait vomir. Puis on le relâchait s'il n'y était pour rien ou on l'éliminait si c'était le tueur.

« Vous plaisantez, j'espère. Ma brigade va être en sous-effectif ces trois prochains jours. Je ne peux pas me permettre de dégager des forces pour organiser ce genre de choses. L'aéroport est déjà sous tension. »

Temauri n'était pas dans le secret des dieux. Il ignorait de quoi le major parlait. On était en avril, non en juillet. Ce n'était pas encore la période du Heiva, la fête annuelle qui monopolisait toutes les forces de l'ordre.

Lettermann reprit : « Je vais voir ce que je peux faire pour l'autopsie. En attendant, mettez le corps au frais et finalisez votre rapport. Je le veux sur mon bureau demain matin. »

10

Le centre écologique faisait partie du complexe hôtelier du Méridien. Sa directrice était une belle métropolitaine aux longs cheveux gris, la soixantaine élégante. Il était difficile de lui donner un âge. Elle accueillit Tanja avec le sourire.

« Vous êtes journaliste ? La réception m'a prévenue.

— Bonjour, madame Carpentier, je…

— "Madame Carpentier" ? Il n'y a qu'à Paris qu'on m'appelait comme ça, mais je n'ai plus mis les pieds en Europe depuis des années. À l'évidence, la nouvelle réceptionniste n'a pas pris le pli. Ici, tout le monde s'appelle par son prénom. Je suis Judith. Et vous ?

— Tanja.

— Quel magnifique prénom ! s'exclama-t-elle. J'avais une fille qui se prénommait ainsi.

— Se prénommait ? s'étonna l'ex-inspectrice.

— Elle est morte.

— Je suis désolée.

— Vous ne pouviez pas savoir, répondit Judith sans perdre le sourire. Et ça remonte à plus de vingt ans, un terrible accident, je préfère ne pas en parler. Et vous, Tanja, vous avez des enfants ?

— Un fils de deux ans. Il s'appelle Loran.

— Adorable. Venez, suivez-moi ! »

Judith précéda Tanja dans un bâtiment boisé. L'intérieur faisait penser à un petit musée, avec des panneaux didactiques consacrés à la faune locale, tortues, poissons et coraux. Les deux femmes traversèrent plusieurs pièces et ressortirent par une porte, sur un chemin de terre entre le bâtiment et un petit pavillon.

« Pardonnez ma curiosité, dit la directrice en se retournant, mais il me semble percevoir chez vous un léger accent.

— Je suis d'origine albanaise.

— Je m'en doutais. Et vous écrivez pour quel journal ?

— En fait, je travaille en free-lance. Je propose mes articles à plusieurs journaux. »

Judith Carpentier la conduisit dans le petit pavillon où régnait une forte odeur animale. Dans deux bassins fixes en béton et une série de gros bacs en plastique, plusieurs espèces de tortues pataugeaient. Elles savaient que c'était l'heure de manger. La directrice prit un bol contenant de petits poulpes morts et se mit à les nourrir.

« Les Tahitiens les appellent *honu*, dit-elle en tendant un poulpe à une grosse tortue verte amputée d'une nageoire. Les tortues imprègnent les mythes polynésiens depuis la nuit des temps. Elles sont le symbole de la longévité, de la fertilité et de la sagesse. Ce sanctuaire est une sorte d'hôpital pour les tortues blessées ou malades. Soit on les recueille nous-mêmes, soit des autochtones nous les apportent, souvent des pêcheurs.

— De quoi souffrent-elles ? demanda Tanja.

— Certaines sont victimes de la pollution, elles ont du plastique plein les intestins. D'autres ont été capturées accidentellement dans des filets de pêche. C'est le cas de celle-ci, nous l'avons baptisée Hope. Sa mésaventure lui a valu une infection à la nageoire droite et le vétérinaire a dû l'amputer. »

Judith passa au bac suivant et commenta :

« Elle, c'est Destiny, une tortue imbriquée, victime du braconnage. On l'a retrouvée avec une flèche de harpon plantée dans la tête. Elle avait temporairement perdu la vue et ne pouvait plus se nourrir seule. La vision de son œil droit commence à s'améliorer, mais la convalescence sera longue. Le braconnage des tortues marines est un véritable fléau.

— Pourquoi les tue-t-on ? demanda Tanja.

— Pour leur chair. La viande de tortue se vend très cher au marché noir. Sur certains sites, on retrouve des écailles de tortues dépecées, d'autres décapitées. Rien que l'an dernier, trois bandes de braconniers ont comparu devant le tribunal de Papeete. Notre centre a fait de ce combat une priorité, en plus de notre programme de sauvegarde du corail. Nous aidons la police dans ses enquêtes, nous recueillons les tortues blessées et nous les soignons dans le but de les voir un jour regagner l'océan et les plages de ponte. »

La directrice tendit un poulpe à Destiny, qui le goba. Puis elle se tourna vers Tanja et reprit :

« Mais je doute que tout cela vous intéresse pour votre article. La réceptionniste m'a parlé de Caroline. En quoi puis-je vous aider ?

— Eh bien, en réalité… »

Tanja hésita, à la fois fascinée par les tortues et impressionnée par cette femme de caractère. L'image du corps mutilé flottant à l'entrée du chenal lui traversa l'esprit. L'espace d'un instant, elle se demanda ce qu'elle faisait là, pourquoi ne pas s'être contentée de rester un simple témoin et laisser la gendarmerie de l'île faire son travail. Probablement parce que le major Lettermann avait l'air d'un type blasé, pour qui le sort de cette fille n'était pas une priorité. Tanja en revenait toujours à la même conclusion : son instinct de flic. Elle reprit :

« Je cherche des informations sur une jeune femme qui a disparu, la réceptionniste m'a dit que vous étiez inquiète de ne pas avoir vu Caroline au travail ce matin. »

Judith lui sourit.

« Inquiète est un bien grand mot. Décidément, cette nouvelle réceptionniste est encore à l'heure française. Ici, la vie est cool, loin du stress du Vieux Continent. Il est vrai que j'ai été un peu surprise, ce matin, de ne pas voir Caroline à son poste. Surtout qu'elle est passionnée par son travail. Mais de là à la considérer comme disparue… Elle est majeure et vaccinée. Peut-être qu'elle est malade ou qu'elle a rencontré un homme. Depuis le temps que j'essaie de la caser…

— Avez-vous tenté de la contacter ? »

La directrice éclata de rire.

« Pourquoi l'aurais-je fait ? J'ai pleine confiance en Caroline. Demain matin, elle sera là et la vie reprendra son cours. C'est aussi simple que ça. »

11

La nuit tombe très vite en Polynésie française. Le soleil se couche à 18 heures et le crépuscule ne dure pas. L'obscurité envahit aussitôt l'île, le lagon, les motus.

Le docteur Temauri détestait rentrer de nuit, surtout à vélo. Le faré où il habitait était entre la pointe de Raititi et la plage de Matira, à moins de dix kilomètres au sud de Vaitape. Mais, en dehors de la ville, il n'y avait pas d'éclairage public. Et la nuit, les *tupapau* rôdaient. Les esprits des morts.

Temauri referma la housse mortuaire et poussa la table à roulettes jusqu'à la chambre froide. Il espérait que, dès le lendemain matin, le corps de l'inconnue de Piti A'au prendrait le premier avion pour Tahiti-Faaa, direction la morgue du centre hospitalier du Taaone à Papeete. Cette affaire le dépassait, bientôt elle ne serait plus sienne. Il ne restait plus qu'à rédiger le rapport que le major Lettermann attendait.

Temauri regagna son bureau et alluma une bougie. La lumière d'une flamme était plus efficace que celle d'une ampoule pour éloigner les *tupapau*. Il existait aussi d'autres méthodes, comme le port d'habits rouges ou les *tiki* protecteurs. Ces petites statuettes en bois représentant des divinités, placées à l'extérieur des maisons, agissaient comme un rempart contre les esprits malveillants. Le pouvoir des *tiki* grandissait au fur et à mesure qu'on les transmettait de génération en génération. Le faré du légiste était protégé par un *tiki* très puissant. Il le tenait de son grand-père, qui le tenait lui-même de son propre grand-père. Mais au centre médical de Vaitape, point d'habits de couleur rouge ni de *tiki*. Le directeur n'en voulait pas.

Au fur et à mesure qu'il transcrivait ses notes sur l'ordinateur, le docteur Temauri froissait les feuilles manuscrites et les jetait dans la poubelle, sous son bureau. Son rapport prenait forme, il pourrait bientôt l'envoyer par mail au major Lettermann.

Un papillon de nuit pénétra dans la pièce, tournoya autour de la flamme et se posa sur le mur, entre le diplôme de médecin et le tableau représentant la légende de Heitarauri. C'était un gros papillon noir, annonciateur d'une visite. Le légiste sentit un frisson parcourir son corps, il n'attendait personne.

D'instinct, il se retourna sur sa chaise. À travers les lamelles en bois inclinées des volets, il lui sembla voir une ombre furtive traverser le jardin. Peut-être un collègue rentré tard, comme lui. Les femmes de ménage, les jardiniers travaillaient généralement le matin. Et le personnel du dispensaire voisin, ouvert vingt-quatre heures sur vingt-quatre, n'avait aucune raison de passer par là.

Temauri respira profondément et tenta de se rassurer, son esprit cartésien luttant vainement contre son instinct superstitieux. Dans sa vie professionnelle comme dans sa vie privée, le légiste n'avait violé aucun *tapu*. Au fil des siècles, le colonialisme a déformé ce mot d'origine polynésienne que les Occidentaux prononcent « tabou ». Toucher ce qui est *tapu* attire le malheur sur soi et sur son entourage, on peut attraper de terribles maladies ou, pire, déranger les *tupapau*.

Temauri chassa les fantômes de son esprit et se replongea dans la rédaction de son rapport. Il mit au propre la fin de ses notes, jeta la dernière feuille manuscrite à la poubelle et attaqua la relecture à l'écran.

Le légiste corrigeait l'ultime paragraphe de son rapport quand son ordinateur s'éteignit. Il lâcha un juron, se pencha sous le bureau, pressa le bouton de la tour, essaya de faire redémarrer le système. Sans succès. Puis il vérifia les câbles, ils étaient branchés. Enfin, il se leva, alla vers la porte et pressa l'interrupteur de la lumière. Coupure de courant.

Temauri revint vers la fenêtre et regarda dans la rue. L'éclairage public fonctionnait. Une panne de secteur, limitée au bâtiment. Ce n'était pas la première fois que ça arrivait.

Le centre médical était doté d'un générateur de secours. Le légiste attendit de longues minutes, mais l'électricité ne revenait pas. Il se mit à désespérer, jamais il ne pourrait envoyer à temps son rapport à Lettermann. Il essaya de téléphoner pour lui expliquer la situation, mais le major ne répondait pas.

Temauri jeta un coup d'œil sur le mur, le papillon noir était toujours là.

12

Judith Carpentier achevait sa tournée des bacs en nourrissant une vieille tortue luth.

« La doyenne du sanctuaire, dit-elle à Tanja. Elle s'appelle Judy. C'est Caroline qui lui a donné ce nom, probablement pour me faire plaisir. Ou pour se moquer tendrement de mon âge. Judy est plus vieille que moi, vous rendez-vous compte ? Selon le vétérinaire, elle approche des quatre-vingts ans.

— J'ignorais que les tortues vivaient si longtemps.

— Et parfois plus encore. Les tortues habitent les océans depuis plus de cent millions d'années. Elles n'atteignent leur maturité sexuelle qu'à vingt ou trente ans, et les pontes les plus importantes interviennent vers quarante ans. Seule une tortue sur mille revient sur la plage qui l'a vue naître pour y pondre à son tour. En Polynésie, les cinq espèces présentes sont toutes inscrites sur la liste rouge de l'Union internationale pour la conservation de la nature comme espèces vulnérables ou menacées d'extinction. C'est grâce à l'UICN que Caroline a trouvé une place chez nous. »

Lorsqu'elles sortirent du petit pavillon, la nuit était tombée. Judith verrouilla la porte.

« Qu'est-ce qui vous fait penser que Caroline aurait pu disparaître ?

— La réceptionniste. »

La directrice lui sourit.

« Ça, je l'ai bien compris. Mais en amont, quelle information vous a conduite jusqu'ici ?

— Je regrette, je… je ne suis pas autorisée à vous le dire.

— C'est une réponse de flic, ça.

— Les journalistes doivent aussi protéger leurs sources.

— Certes, mais ils ont généralement une autre manière d'opposer le secret. Moins directe, si vous voyez ce que je veux dire. »

Tanja suivit Judith dans le bâtiment principal du centre écologique. Derrière le bureau de l'accueil, il y avait des photos sur le mur. La directrice en décrocha une et la tendit à Tanja.

« Voici Caroline, dit-elle en montrant une jeune femme en combinaison de plongée, qui tenait une petite tortue verte dans les mains et affichait un large sourire. Mais revenez demain, vous pourrez lui parler et faire sa connaissance. »

Tanja remercia Judith et s'excusa de l'avoir dérangée. Les deux femmes se dirent au revoir.

En traversant le parc de l'hôtel, Tanja éprouva de la tristesse. Sur la photo, elle avait reconnu l'inconnue du chenal, mais elle avait maîtrisé sa réaction. Elle ne s'était pas senti la force de dire la vérité à cette femme si lumineuse.

En repassant par le lodge du Méridien, Tanja fut alpaguée par la réceptionniste.

« Vous avez pu parler avec Mme Carpentier ?

— Oui, je vous remercie. Fausse piste, mentit-elle en souriant. Et vous ? Vous avez pu retrouver vos clients ? »

La réceptionniste afficha une mine déçue.

« Non. Mme et M. Bernheim sont partis avec leurs bagages la nuit dernière. C'est fou, cette histoire ! C'est bien la première fois que je vois ça. Peut-être que quelque chose ne leur a pas convenu. Généralement, nos hôtes font part de leurs doléances quand quelque chose ne leur convient pas et nous y répondons au mieux. Mais eux, ils se sont volatilisés, comme ça, sans rien dire. Remarquez, ils ont payé leur séjour en avance…

— Savez-vous si ce couple connaissait Caroline ? » coupa Tanja.

La réceptionniste fut surprise par la question.

« Peut-être, je ne sais pas. Les clients ont un accès libre au centre écologique. Ils peuvent aussi nager avec les tortues dans un bassin prévu à cet effet. Mais c'est sur inscription et je ne crois pas que ce fut le cas de Mme et M. Bernheim. En revanche…

— En revanche ?

— Hier, ils ont reçu la visite d'un Polynésien, un homme handicapé que j'ai déjà croisé dans les rues de Vaitape. Il ne travaille pas dans le tourisme, mais ce n'est pas la première fois que je le vois rôder ici. Je crois qu'il était secrètement amoureux de Caroline. »

La réceptionniste se mit à rougir, comme si elle

s'était soudain rendu compte qu'elle était allée trop loin dans la confidence.

« Comment s'appelle-t-il ? demanda Tanja.

— Je ne sais pas. Mais je crois qu'une de mes collègues le connaît. Elle ne travaille pas ce soir, elle reprend son service demain matin.

— Et ce couple Bernheim, que savez-vous à son sujet ? »

La réceptionniste prit docilement un classeur et sortit une fiche d'hôtel.

« Pas grand-chose. Ils s'appellent Solange et Daniel. Ils ont des passeports suisses. J'ajouterais qu'ils avaient un léger accent. Ils ne parlaient pas beaucoup, ils étaient plutôt discrets. Pour le reste, comme je suis nouvelle ici, je n'ai pas accès aux autres données personnelles des clients. »

Tanja remercia la réceptionniste, regagna la plage et récupéra le jet-ski.

Tanja rentra chez elle en longeant de nuit la plage de Piti A'au. Le jet-ski n'était pas équipé de phares, mais, par chance, la lune était presque pleine, elle éclairait le sable blanc au fond de l'eau. Sur la gauche, la végétation du motu se confondait avec le ciel noir.

Tanja amarra le bolide au ponton et gagna le faré. Elle trouva son fils dans le séjour, il s'amusait avec des jouets. Sa mère était dans la cuisine, en train de préparer du *mahi-mahi*, un poisson local. Tanja les embrassa – elle expliquerait son absence plus tard –, s'enferma dans sa chambre et appela Flavie Keller avec le téléphone crypté.

Elle attendit plusieurs sonneries. La greffière du procureur Jemsen lui répondit enfin en murmurant :

« Salut. Qu'est-ce qu'il y a ?

— Je te dérange ?

— Non, mais fais vite. Je suis en séance avec le proc et la police. Une affaire de meurtre de bébé. Affreux. Je te raconterai.

— Tu peux me rendre un service ? »

Tanja sentit Flavie hésiter.

« Ça dépend, dis toujours.

— Tu pourrais te renseigner sur un couple suisse ? Tout ce que tu peux trouver : adresse, données de la police des habitants, antécédents éventuels, etc.

— Tu m'expliques ?

— Pas maintenant. Plus tard, promis. »

La greffière ne répondit pas tout de suite. Après quelques secondes de silence, Tanja la relança :

« Alors, tu peux le faire ou non ?

— Oui, soupira Flavie. Leurs noms ?

— Daniel et Solange Bernheim.

— Tu as leurs dates de naissance ?

— Non.

— OK. Je te redonne des nouvelles dès que possible. Mais ce ne sera pas dans l'heure.

— T'inquiète. Merci, ma belle, je te revaudrai ça. Bonne soirée, je t'embrasse. »

Tanja raccrocha, se rendit alors compte de son erreur et s'en voulut. Elle n'avait jamais dit à Flavie où elle se trouvait. Elle venait de lui souhaiter « bonne soirée ». Il était 20 h 30. En Suisse, c'était le matin.

13

Reva Temauri n'attendrait pas plus longtemps que l'électricité revienne. Par chance, il avait eu le réflexe de sauvegarder régulièrement son travail. Une fois chez lui, grâce au système VPN, il se loguerait à distance sur le serveur du centre médical, terminerait son rapport et l'enverrait au major Lettermann.

Le légiste tira la porte de son bureau et parcourut le couloir plongé dans l'obscurité. Le silence régnait dans les locaux, il n'y avait plus personne.

Dans le hall d'entrée était accrochée une reproduction d'un tableau de Gauguin, *Manao Tupapau*. « L'esprit des morts veille », traduisit instinctivement Temauri dans sa tête. Dès son arrivée à Tahiti en 1891, Gauguin s'était intéressé à cette rare croyance traditionnelle que la colonisation n'avait pu éradiquer. L'insertion de *tupapau* dans les compositions du peintre, notamment ses scènes nocturnes, insufflait une atmosphère spirituelle et menaçante. Dans ce tableau en particulier, le *tupapau* de Gauguin prenait l'apparence d'une femme âgée enveloppée dans une cape noire.

La nuit, le papillon, le tableau : les signes s'accumulaient. Le légiste sentait une forme d'oppression le gagner. Il n'avait qu'une envie : rentrer au plus vite dans son faré, placé sous la protection du *tiki* de ses ancêtres.

Temauri chevaucha son vélo et prit la direction du sud. L'unique route suivait les contours de l'île et longeait le lagon à fleur d'eau. Dès la sortie de Vaitape, l'obscurité se fit plus pesante. Seul le phare du vélo éclairait la chaussée. De temps à autre, le légiste évitait un *tupa*. Les crabes terrestres sortaient plutôt la nuit, ils quittaient leurs terriers en bordure de mangrove et n'hésitaient pas à traverser la route.

Temauri contourna la baie de Tuuraapuo et passa devant le Bloody Mary's, un peu à l'écart de la ville, comme toujours très animé. Il poursuivit sa route en direction de la pointe de Raititi. Un long chemin tout droit sans habitation ni lumière. Aucun son, sauf le lointain bruit des vagues qui s'écrasaient sur la barrière de corail. À l'horizon, on devinait à peine un long trait blanc dans le noir.

Temauri sentit soudain une présence dans son dos, comme un souffle furtif. Il se remémora l'ombre qui avait traversé les jardins de la clinique, peu avant la panne de courant. Son cœur s'emballa, il n'était pas seul.

Derrière lui, aucun bruit de moteur, aucun faisceau de phares. Mais il n'osait pas se retourner pour vérifier. Son grand-père le répétait toujours quand il était petit : « Les *tupapau* rôdent la nuit ; si tu te sens suivi, ne te retourne pas. » Temauri se mit à trembler, son vélo à zigzaguer. Le phare faisait de petits allers-retours saccadés d'un côté à l'autre de la route, mais l'ampoule n'avait pas la puissance des flammes, qui éloignent les mauvais esprits. Il imaginait la vieille femme à la cape noire du tableau de Gauguin en train de voler derrière lui et de tendre ses mains squelettiques pour l'attraper. Ou alors, c'était Whiro, le seigneur de l'obscurité, le dieu des voleurs et du monde souterrain, celui par qui le malheur arrivait. « Surtout, Reva, ne te retourne pas ! »

Le légiste appuyait sur les pédales, dans son dos, le fantôme était toujours là, il gagnait même du terrain. Le faré n'était plus très loin. Après la pointe de Raititi, Temauri atteindrait les premières habitations de Matira et, avec un peu de chance, la lumière éloignerait le monstre.

Temauri ne vit pas la grosse ornière au milieu de la route. La roue avant du vélo partit en dérapage. Il perdit l'équilibre et chuta lourdement sur la chaussée.

Quand il redressa la tête, il sentit du sang couler sur son front. Ses jambes et ses bras étaient éraflés, mais il ne sentait presque pas la douleur à cause de l'adrénaline. La peur était toujours là, la menace aussi, juste derrière lui. Et là, il fit le contraire de ce que son grand-père lui avait enseigné : il se retourna. Deux *tupapau* plus noirs que la nuit le regardaient, et ils fondirent sur lui.

DEUXIÈME JOUR

14

Derrière l'image idyllique de carte postale, la Polynésie française cache un problème majeur d'environnement et de santé : la gestion des déchets. Depuis les années 1960, des tonnes de détritus se sont accumulés sur les îles. Le développement du territoire qui a suivi l'installation du Centre d'expérimentation nucléaire du Pacifique s'est accompagné d'un flux de produits manufacturés. Mais personne ne s'est jamais soucié de ce qu'ils deviendraient une fois hors d'usage.

À Rangiroa et Maupiti, les décharges sauvages fleurissent et débordent dans le lagon. On y trouve des ordures ménagères, des pneus, des gravats, des déchets toxiques. Le traitement et le recyclage coûtent trop cher, l'acheminement par bateau à Papeete aussi. Alors, on creuse un trou, on y enfouit les déchets et, quand le trou déborde, on tasse avec des engins de chantier, on rebouche et on creuse un autre trou. Au fil des ans, de l'aluminium, du manganèse, des hydrocarbures et d'autres polluants ont atteint le lagon, la nappe phréatique et les cultures de fruits et légumes.

À Bora-Bora, il n'est pas rare de trouver, au bord

de la route, des carcasses de voitures, de machines à laver ou de télévisions. En 2011, la commune avait ouvert un centre d'enfouissement technique, instauré des taxes et prévu des sanctions pour ceux qui ne triaient pas leurs ordures. La commune avait aussi mis en place une plate-forme de compostage des déchets verts et une unité de broyage du verre. Mais c'était encore insuffisant. Et les fumées qui émanaient de la décharge officielle de l'île altéraient régulièrement la visibilité des avions.

La commune aspirait aujourd'hui à la création d'un site unique de gestion de tous les déchets. Pour la perle du Pacifique, l'enjeu était de diminuer le volume des enfouissements et de réduire les transferts sur Tahiti des équipements électriques et électroniques usagés. La volonté écologique était là, mais elle avait son prix.

Taurama Bopp travaillait depuis plusieurs années au centre d'enfouissement technique, sur la côte est de l'île. Comme tous les matins, il s'était levé avant le soleil.

Les premières lueurs de l'aube baignaient d'un rose pâle le lagon, le motu Piti A'au juste en face et l'océan au-delà. Tout le monde dormait encore. Bopp déverrouilla la grille de l'accès principal et se rendit au bureau de contrôle. Il se servit un café, vérifia le planning de la matinée et classa les bordereaux de livraison de la veille. Puis il ressortit, monta dans une jeep et entreprit le tour des alvéoles en cours de remplissage.

Le chemin de terre serpentait sur un terrain déboisé et partiellement en friche. De part et d'autre se trouvaient des monticules de déchets et des fosses creusées dans le sol. Les odeurs, âcres et puissantes, variaient selon la nature des amoncellements. Bopp était habitué, il n'y prêtait même plus attention.

Il ralentit pour contourner une alvéole presque pleine. Un bulldozer garé juste à côté procéderait aujourd'hui au dernier compactage, puis la recouvrirait de terre. Quelques mètres plus loin, la suivante était déjà à moitié remplie. Elle accueillerait les livraisons du jour.

Un détail attira l'attention de Bopp, au fond de la fosse. Il faisait à peine jour et on distinguait mal les différents déchets. Il crut d'abord qu'il s'agissait d'une grande statue, peut-être un *tiki*. Mais quelque chose bougeait.

L'employé arrêta sa jeep et descendit à pied, par une rampe d'accès, dans l'alvéole. Il marcha sur les détritus jusqu'au centre de la fosse et s'arrêta, médusé.

À ses pieds, il y avait un homme, polynésien, la quarantaine. Il était nu, couché sur le dos, les bras le long du corps. Son front, ses jambes et ses bras présentaient des éraflures et des coulures de sang séché. Au centre de sa poitrine, un trou béant. On lui avait arraché le cœur et on l'avait déposé sur son ventre. Deux gros rats se disputaient l'organe encore gorgé de sang frais.

15

Le visage de Caroline hantait l'esprit de Tanja. Elle voyait tour à tour la jeune fille souriante de la photo, puis son cadavre flottant dans le chenal. La jeune fille à nouveau, effrayée, nageant au milieu de l'océan, les ailerons de requins qui tournaient autour.

Caroline disparut, aspirée vers le fond par une force invisible. L'eau se teinta de rouge. Puis la jeune fille émergea à nouveau. Tanja lui tendait une main désespérée depuis le rivage, Caroline la regardait et elle éclatait de rire. « Pourquoi te soucies-tu de mon sort ? Tu ne me connais même pas. »

Caroline nagea vers Tanja, prit sa main et la tira vers elle. L'ex-inspectrice perdit l'équilibre et tomba dans l'eau. Elle sentit la panique la gagner, ouvrit les yeux sous l'eau. Le bouillon commençait à se dissiper, elle s'attendait à voir un squale fondre sur elle. Mais elle n'était entourée que de poissons multicolores. Quand Tanja émergea, Caroline nageait à côté d'elle et riait aux éclats, comme une écolière espiègle, fière de sa plaisanterie.

Les deux femmes étaient dans le chenal. Devant elles s'ouvrait la bouche du conduit. Aucun grillage n'en barrait l'accès.

« Ici, tu ne risques rien, dit Caroline. Viens, suis-moi. »

La jeune fille entraîna Tanja dans le tunnel. Il faisait noir, on ne voyait rien. Tanja tenait la main de Caroline, elle sentait ses pieds nus fouler le sable, buter tantôt contre un objet dur, un caillou ou un morceau de corail. De temps à autre, quelque chose frôlait furtivement sa peau, peut-être un poisson. Tanja pensa à la murène et frémit.

Après quelques minutes qui lui parurent des heures dans l'obscurité, Tanja vit enfin le bout du tunnel. Pas de lumière vive comme celle décrite dans les expériences de mort imminente, mais un beau ciel bleu.

Le conduit débouchait sur un vaste parc arboré, pas la même végétation qu'en Polynésie. Le parc était au milieu d'une grande ville faite de maisons en ossature de bois léger et de papier. De petits commerces animés, dont les toits rappelaient ceux des pagodes. Une rivière traversait le parc, elle était bordée de cerisiers en fleur. La couleur vermeille d'un temple contrastait avec le rose des fleurs. Sur l'autre rive, une sorte de clocher, coiffé d'un dôme. Caroline et Tanja étaient maintenant vêtues de kimonos.

Le bruit assourdissant d'une sirène déchira la quiétude des lieux. Autour des deux femmes, les gens s'arrêtèrent de marcher et se regardèrent. Un avion traversa le ciel. Le son de la sirène s'atténua, puis repartit de plus belle. L'avion fut suivi d'une escadrille. Les gens se mirent à courir dans tous les sens.

À la cinquième alarme, une lumière d'une incroyable intensité, blanche presque bleuâtre, inonda la ville et aveugla ses habitants. Tanja eut la sensation de flotter dans l'air, son corps s'était mis à brûler.

Une voix masculine venue de nulle part résonna dans sa tête: «Mon Dieu, qu'avons-nous fait?»

Tanja ouvrit les yeux. Elle était en sueur, dans son grand lit à baldaquin du faré. Les premières lueurs de l'aube filtraient à travers les lamelles de bois. Sur la table de nuit, le téléphone crypté émit une nouvelle sonnerie, plus douce que le hurlement des sirènes de son cauchemar.

Dans un demi-sommeil, Tanja prit l'appareil et regarda l'écran. C'était Flavie. Elle décrocha et s'annonça d'une voix pâteuse.

«Je te réveille? s'étonna la greffière au bout du fil. Il est presque 6 heures.

— Je faisais une sieste, dit Tanja en bâillant. Qu'est-ce que tu veux?

— C'est toi qui voulais quelque chose, tu te rappelles? Tu m'as demandé des renseignements sur un couple suisse, Daniel et Solange Bernheim.

— Tu as trouvé quelque chose?

— Rien du tout.»

Tanja laissa planer un bref silence, elle essayait de reprendre ses esprits.

«Comment ça, rien du tout? Tu veux dire qu'ils n'ont pas d'antécédents?

— Non. Je veux dire qu'ils n'existent pas, tout simplement. En tout cas pas de manière officielle. Ils ne sont pas enregistrés à la police des habitants. Nulle part en Suisse. Aucune trace dans un quelconque registre d'état civil.

— Tu es sûre?

— Je connais mon boulot. Mais si ce sont des étrangers et qu'ils viennent d'arriver en Suisse...

— Ils ont des passeports suisses.

— Dans ce cas, je présume qu'ils sont faux. Tu veux me les envoyer?

— Je ne les ai pas.

— Une photo du couple?

— Non plus. Tout ce que j'ai pu voir, c'est une fiche d'hôtel. Mais je n'ai pas pensé à relever les numéros de passeport. Je vais essayer de les obtenir et je te les enverrai.

— D'accord, répondit Flavie. Mais s'ils sont faux, je ne pourrai pas... »

La greffière se tut un bref instant, puis s'excusa précipitamment:

« Je te rappelle, mon amour. »

Et elle raccrocha.

Tanja se leva et emporta le téléphone dans la salle de bains, au cas où Flavie la rappellerait. Elle passa de l'eau froide sur son visage. Erina et Loran dormaient encore.

Dans la cuisine, Tanja prit une planche à découper, un couteau et quelques fruits exotiques. Elle s'installa sur la terrasse du faré, posa une tablette numérique devant elle et parcourut rapidement les nouvelles locales. Ni *Tahiti Infos* ni la *Dépêche de Tahiti* ne mentionnaient la mort de Caroline. Tanja se logua ensuite sur le site de Polynésie La 1re et podcasta le dernier journal télévisé. Elle le visionna, tout en coupant son petit déjeuner: un ananas, une mangue et une papaye.

Le journaliste mentionnait la visite imminente d'Emmanuel Macron en Polynésie française, le président s'exprimerait sur les essais nucléaires dans le Pacifique. Les sujets suivants concernaient plusieurs projets politiques touchant les îles de l'archipel. Puis le journaliste aborda les faits divers : un policier blessé dans une rixe à Moorea, un trafic de méthamphétamine démantelé à Papeete et un accident de voiture spectaculaire à Raiatea. Aucune mention de Caroline.

Tanja éteignit la tablette et installa les fruits coupés dans trois assiettes. Puis elle se leva et regarda, pensive, le mont Otemanu qui se dressait sur l'île principale. Les premiers rayons du soleil baignaient son sommet.

Les autochtones lui avaient dit que l'Otemanu était truffé de grottes, mais qu'il était inaccessible. Des Suisses étaient morts en tentant l'escalade, la roche volcanique est trop friable pour la varappe. Après les Suisses, des Français avaient toutefois réussi à atteindre le sommet, pour y faire du *wingsuit*. Ils étaient, à ce jour, les seuls à avoir réalisé l'ascension.

Les événements de la veille tournaient en boucle dans l'esprit de Tanja. Elle peinait à remettre les pièces du puzzle dans l'ordre. Caroline, les requins, l'histoire de l'*USS Indianapolis* et de la bombe atomique d'Hiroshima, les vestiges de la Seconde Guerre mondiale, les essais nucléaires dans le Pacifique, le mystérieux couple Bernheim qui avait quitté Le Méridien la nuit de la mort de Caroline. Tanja ne croyait pas aux coïncidences. Moins encore depuis que Flavie lui avait dit que ces citoyens suisses n'existaient pas.

Un couple fantôme... L'histoire rappelait vaguement quelque chose à Tanja, une vieille affaire au parfum de scandale politique. Elle retourna s'asseoir, prit la tablette numérique et entreprit des recherches.

16

En sortant du palais de l'Élysée ce soir-là, l'amiral Pierre Lacoste s'attarda un instant dans la cour d'honneur, sous une fine bruine. La grisaille dominait Paris depuis plusieurs jours.

Deux ans et demi plus tôt, il avait renoncé, à contrecœur, à reprendre les rênes de l'Inspection générale de la marine pour diriger la DGSE. Le président avait beaucoup insisté. Aujourd'hui, ce même président venait d'autoriser une opération clandestine commanditée par le ministre de la Défense. Une opération à laquelle Lacoste n'adhérait qu'avec des réserves, surtout quant à la méthode choisie. On était le mercredi 15 mai 1985.

Lacoste regagna le siège de la Sécurité extérieure, boulevard Mortier. Il invita le commandant Alain Mafart et la capitaine Dominique Prieur à le suivre dans son bureau, et referma la porte. Sur le mur, un drapeau de la France et un portrait de François Mitterrand.

« Le gouvernement nous donne carte blanche, annonça l'amiral. Le président a rappelé l'importance qu'il attache aux essais nucléaires. Dominique, a-t-on des nouvelles de Cabon ? »

Agente de la DGSE, la lieutenante Christine Cabon avait infiltré l'organisation Greenpeace en Nouvelle-Zélande depuis plusieurs semaines, sous le pseudonyme de Frédérique Bonlieu, rédactrice en chef d'une revue touristique.

« Aux dernières nouvelles, répondit Prieur, le *Rainbow Warrior* se trouve aux îles Marshall. Il devrait rallier la Nouvelle-Zélande par Hawaï et rejoindre la flottille de Greenpeace à Auckland, puis se diriger vers Mururoa pour troubler notre programme d'essais nucléaires dans le Pacifique. Il semblerait que le bateau soit doté du nouveau système de communication Baleno, qui permet d'envoyer des images à un avion volant à basse altitude. Grâce à ce système, les images peuvent arriver aux quatre coins du monde en seulement quelques heures. Christine a aussi réuni des renseignements sur les hôtels et les véhicules de location que nos agents pourront utiliser sur le terrain. »

Lacoste se tourna vers Mafart.

« Les explosifs ?

— Acheminés depuis Nouméa par le voilier *Ouvéa*, comme convenu, amiral. L'équipage est composé de trois de nos hommes et d'un médecin chargé de jouer les play-boys milliardaires pour donner le change. Ils déchargeront les explosifs et les cacheront sur le rivage avant de passer les contrôles douaniers.

— Et l'équipe de plongeurs ?

— Tout est en ordre. »

Lacoste soupira. Il n'aimait pas la tournure que prenait l'opération « Satanique ». Les premiers rapports faisant état des projets de Greenpeace étaient arrivés sur le bureau du ministre de la Défense Charles Hernu en novembre 1984. Ils émanaient des autorités militaires à Papeete, qui disposaient de leur propre agent infiltré au sein de l'organisation écologique. Le but du *Rainbow Warrior* était certes d'escorter d'autres bateaux vers l'atoll de Mururoa et de perturber les essais nucléaires français. Mais on soupçonnait aussi Greenpeace d'être à la solde des Russes et d'espionner pour leur compte. Sur ordre d'Hernu, le service Action de la DGSE avait envisagé cinq scénarios pour empêcher le bateau de mener à bien sa mission : envoyer une équipe médicale qui diagnostiquerait la jaunisse chez l'équipage et ordonnerait sa mise en quarantaine, provoquer une dysenterie pour forcer l'équipage à rester à terre, verser dans le réservoir du bateau des bactéries mangeuses de carburant, utiliser une charge explosive légère pour contraindre le bateau à de lourdes réparations ou, enfin, l'envoyer par le fond avec des charges explosives lourdes.

Lacoste aurait largement préféré l'usage des bactéries dans le gasoil. Il n'était pas sûr que le président connaisse tous les détails de l'opération. Lui-même ne les lui avait pas exposés, lors de l'audience de tout à l'heure. Mais l'Élysée avait opté pour la manière forte, l'amiral était un militaire et on ne discutait pas les ordres venus d'en haut.

Lacoste regarda tour à tour Prieur et Mafart, et leur dit :

« Je vous envoie tous les deux en Nouvelle-Zélande pour assurer la logistique et la reconnaissance. Vous serez mari et femme, vous voyagerez en tant que touristes avec des passeports suisses au nom de Sophie et Alain Turenge.

— Mais…, protesta Prieur, je ne suis pas une agente de terrain. Et je dois assurer la liaison avec Christine.

— La mission de Cabon est terminée. Organisez son exfiltration. Pour le reste, il n'y a pas à discuter, c'est un ordre. Orion, notre agent à Auckland chargé de la coordination des différentes équipes, est déjà prévenu de votre arrivée. »

17

L'affaire du *Rainbow Warrior*, les faux époux Turenge, leurs faux passeports suisses… Tanja savait bien que cette histoire de couple du Méridien lui rappelait quelque chose.

Elle éteignit la tablette numérique et installa la table du petit déjeuner. Loran fut le premier à se lever. Les yeux encore à moitié clos et tenant son doudou dans une main, il se jeta dans les bras de sa mère. Tanja lui fit un câlin, déposa un baiser sur son front.

« Va réveiller grand-maman, s'il te plaît. Mais doucement, pas de cris. Une petite caresse. »

Loran afficha un large sourire et repartit en trottinant vers les chambres. Tanja en profita pour préparer des toasts et des œufs sur le plat. Quand Erina apparut en peignoir dans le séjour, elle dit à sa fille :

« Tu es matinale, aujourd'hui. »

Les deux femmes s'embrassèrent.

« Je dois aller à Vaitape ce matin, dit Tanja. Tu veux bien garder Loran ? »

Sa mère lui sourit et, comme à son habitude, ne posa aucune question.

Au sud de Vaitape, il y avait une école de plongée, Chez Roro, et, juste à côté, un petit centre commercial au bord de l'eau, avec des places d'amarrage pour les bateaux des clients. Tanja trouva un emplacement pour son jet-ski. Sur le ponton, elle enfila son paréo et ses tongs, puis elle traversa le centre commercial et gagna la rue.

Le centre médical de Vaitape se trouvait juste en face. Il avait ouvert ses portes à 7 h 30 et accueillait les premiers patients de la journée. Tanja se présenta à l'accueil et demanda à voir le docteur Temauri.

« Vous avez rendez-vous ?

— Non, c'est personnel. Il me connaît, je suis journaliste…

— Un instant », coupa la réceptionniste.

Elle prit le téléphone et essaya d'appeler le légiste, sans succès.

« Je suis navrée. Il ne répond pas et je ne l'ai pas vu ce matin. »

Tanja la remercia et ressortit. Elle trouva un coin à l'ombre d'un palmier et chercha son téléphone dans son sac étanche. Elle composa le numéro du légiste, qu'elle avait mis en mémoire. Après une dizaine de sonneries dans le vide, elle raccrocha, puis retourna à l'accueil. La réceptionniste était occupée avec un patient.

Tanja en profita pour se glisser en douce dans le couloir. Entre deux rangées de portes fermées, elle trouva celle qu'elle cherchait grâce à une plaque nominative, « Dr Temauri », entra et referma la porte. Le bureau du médecin était vide, un ordinateur, quelques dossiers médicaux. Tanja les parcourut rapidement, aucun ne concernait l'inconnue de la veille.

Elle contourna le bureau et s'assit. Sous le bureau, il y avait une poubelle presque pleine et une tour d'ordinateur. Tanja pressa le bouton de la tour, le système démarra. Elle alluma l'écran, une demande de mot de passe apparut.

Tanja abandonna cette piste et força l'arrêt de l'ordinateur. Puis elle fouilla les tiroirs du bureau, n'y trouva rien d'intéressant et les referma. Elle regarda autour d'elle, il n'y avait rien d'autre qu'une petite bibliothèque avec des livres de médecine. Au mur, un diplôme encadré et un étrange tableau représentant un jeune Polynésien, debout sur le dos d'un requin.

Le téléphone de Tanja se mit à vibrer dans son sac étanche. Elle le sortit, regarda l'écran et reconnut le numéro. Le légiste la rappelait, elle décrocha.

« Bonjour, docteur, merci de me rappeler. »

Il y eut un silence au bout du fil, puis une voix féminine.

« Ce n'est pas le docteur Temauri. Mais vous avez essayé de le joindre. Qui êtes-vous ?

— Je m'appelle Tanja Stojkaj et…

— Vous êtes la femme du faré Hélène ? Je suis Sandrine Gonnet, de la gendarmerie de Bora-Bora. J'étais chez vous hier.

— Ah, oui, bonjour. Je… je voulais parler au docteur Temauri. Où est-il ? Pourquoi répondez-vous de son portable ? Vous êtes avec lui ?

— C'est un peu compliqué à expliquer par téléphone, madame Stojkaj. Pourriez-vous passer au poste de Vaitape cet après-midi à 15 heures ? J'aurais quelques questions à vous poser. »

18

En repassant par l'accueil du centre médical, Tanja croisa deux gendarmes. Elle ne les avait pas vus la veille à Piti A'au, ils ne la connaissaient pas. Elle les entendit demander à la réceptionniste où était le bureau du docteur Temauri, et se dit qu'à une minute près, elle avait eu de la chance.

Tanja quitta les lieux sans traîner. Elle récupéra son jet-ski et gagna le port de Vaitape pour faire le plein d'essence. Puis elle repartit vers le sud, contourna l'île par la pointe de Matira et remonta le lagon jusqu'à l'hôtel Le Méridien. Sur place, elle se rendit directement au sanctuaire des tortues.

Judith Carpentier se tenait debout, au milieu d'un grand bassin extérieur alimenté par l'eau de l'océan et clôturé aux extrémités par des grilles. Trois clients de l'hôtel faisaient du *snorkeling* au milieu des poissons et suivaient l'évolution de deux tortues convalescentes. Tanja reconnut Hope, la tortue verte amputée d'une nageoire, et Destiny, la tortue imbriquée à moitié aveugle.

Quand la directrice du centre écologique vit Tanja,

elle sortit de l'eau, prit une serviette pour se sécher et la salua.

« Si vous venez voir Caroline, c'est peine perdue. Malheureusement, elle n'est pas venue travailler ce matin et je suis toujours sans nouvelles de sa part. »

La directrice fit un signe à un employé du centre qui attendait au bord de la piscine naturelle avec deux grosses bassines en plastique. L'homme plongea pour ramener les tortues au terme de leur exercice quotidien.

« On dirait que cette information ne vous surprend guère, reprit Judith Carpentier. Ce matin à la première heure, la gendarmerie de l'île m'a demandé la même chose que vous : une photo de Caroline. Elle a refusé de me dire pourquoi. Sauriez-vous des choses que j'ignore ?

— Avez-vous parlé de moi aux gendarmes ? » demanda Tanja.

La directrice lui sourit.

« Non. Même si vous et moi savons très bien que vous n'êtes pas journaliste. »

Tanja lui sourit en retour.

« Qu'est-ce qui vous fait penser ça ?

— L'instinct. Je vous l'ai dit, vous n'avez ni l'attitude ni la manière des journalistes. Je sais de quoi je parle, j'ai moi-même été journaliste dans une vie passée.

— Et vous avez pris votre retraite ici ?

— Vous voulez me vexer. J'ai à peine atteint l'âge de la retraite et je travaille ici depuis la création du sanctuaire en l'an 2000.

— Pourquoi avoir abandonné le journalisme ? »

Le visage de la directrice devint grave, presque triste.

« Disons qu'après la mort de ma fille j'ai décidé de donner un sens à ma vie. »

L'employé du centre écologique ramenait Hope au bord du bassin et la hissait dans un bac rempli d'eau, chargé sur les fourches d'un diable. Les trois clients de l'hôtel avaient déjà repris le chemin de leurs bungalows, palmes, masque et tuba dans une main, serviette de bain dans l'autre.

« Alors, reprit Judith Carpentier, qu'est-il arrivé à Caroline ?

— Je ne sais pas, mentit Tanja. Hier, vous m'avez dit que Caroline a trouvé cette place grâce à l'UICN. En quoi consiste exactement son travail ?

— Soigner les tortues blessées ou malades, comme je vous l'ai dit.

— Mais encore ?

— Que voulez-vous dire ?

— Hier, vous m'avez parlé de braconnage et de trafic illégal de viande de tortue. Est-ce que Caroline…

— Enquête à la place des gendarmes ? À n'en pas douter ! Caroline est jeune, elle a la fougue d'une activiste écologique convaincue à l'extrême. Elle trouve que les autorités sont trop laxistes à ce sujet.

— A-t-elle trouvé une piste ? »

La directrice haussa les épaules.

« Peut-être, je n'en sais rien. En tout cas, elle ne m'a rien dit.

— Et ces gens… je veux dire, les braconniers, sont-ils potentiellement dangereux ? »

Judith Carpentier soupira.

« Vous savez, Tanja, les Polynésiens sont plutôt pacifiques. Sans mauvais jeu de mots. Mais comme partout dans le monde, quand il est question d'argent…

— Ce genre de trafic rapporte beaucoup ?

— Le commerce illégal d'animaux protégés génère dix-sept milliards d'euros chaque année. Le trafic de viande de tortue en fait partie. Donc, oui, il y a beaucoup d'argent en jeu. »

L'employé avait ramené Hope au sanctuaire. De retour avec le diable, il plongea dans le bassin et nagea vers Destiny.

« Hier, dit Tanja, la réceptionniste de l'hôtel m'a parlé d'un Polynésien handicapé qui se promène dans le coin. Le connaissez-vous ?

— Non, répondit Judith. Ça ne me dit rien.

— Un amoureux secret de Caroline.

— Je ne vois pas. En tout cas, Caroline ne m'en a jamais parlé.

— Et un couple suisse, Solange et Daniel Bernheim ? »

Le visage de la directrice s'éclaircit.

« Ah, eux, je les ai vus il y a quelques jours. Des gens charmants qui s'intéressaient aux tortues. Pourquoi cette question ?

— Ils ont quitté précipitamment l'hôtel il y a deux nuits, sans donner d'explication. Ont-ils eu des contacts avec Caroline ?

— C'est possible. Je ne sais pas.

— Et si je vous dis qu'ils voyagent avec de faux passeports suisses ? »

Judith regarda Tanja, l'air étonnée.

« Que voulez-vous que je réponde à ça ? Et quel serait le rapport avec Caroline ?

— À vous de me le dire. Faites appel à votre instinct d'ancienne journaliste et à votre fibre écologique. Un couple fantôme avec de faux passeports suisses, ça ne vous rappelle rien ? »

19

Bienvenue en Nouvelle-Zélande !

Le douanier rendit les passeports rouges à croix blanche aux époux Turenge. Mafart et Prieur traversèrent le hall de l'aéroport, récupérèrent leurs bagages et se dirigèrent vers la sortie. L'agence de location de véhicules Newmans Rentals se trouvait juste à côté. Ils s'y rendirent et récupérèrent un petit van Toyota Hiace qu'Orion avait réservé à leurs faux noms.

Prieur resta muette durant toute la traversée de la ville. Mafart conduisait. Il finit par briser le silence.

« Tu comptes tirer cette tête durant toute la mission ?

— Fiche-moi la paix ! Je ne sais même pas ce que je fais ici. En ce moment, je devrais être à la maison, avec mon mari.

— Ton mari, c'est moi. Et tu connais parfaitement notre mission.

— Justement, je ne la sens pas ! »

Les Turenge prirent une chambre à l'hôtel Hyatt, avec vue plongeante sur le port. De là, ils pouvaient voir le quai auquel le *Rainbow Warrior* serait amarré à son arrivée à Auckland, selon les renseignements fournis par Christine Cabon. Sur le lit, des pétales de rose et une carte de bienvenue datée du jour, le 22 juin 1985 : « Avec les compliments d'Orion, votre agence de voyages. »

Durant deux semaines, les Turenge jouèrent aux vacanciers. Ils se promenèrent en ville et sur l'île, visitèrent des lieux emblématiques, prirent des photos et firent du shopping. En cas de contrôle douanier au moment de leur départ, ils pourraient ainsi donner le change.

Un soir de juillet, les Turenge reçurent un message d'Orion, avec des coordonnées spatiotemporelles pour un rendez-vous. Ils quittèrent l'hôtel avec le van, sortirent de la ville et longèrent la côte. Un chemin à peine carrossable les mena au bord d'une petite crique sauvage. Personne ne venait ici la nuit.

À la vue des phares, trois silhouettes noires sortirent des taillis qui bordaient la plage. Les agents, membres de l'équipage du voilier *Ouvéa*, chargèrent dans le van un canot pneumatique dégonflé et enroulé, un moteur de bateau, des rames et un gros sac de sport.

Puis les agents précédèrent les époux Turenge avec une voiture, jusqu'à une planque isolée. À cet endroit, ils ne déchargèrent que le sac, le déposèrent sur une table et tirèrent les rideaux par souci de discrétion. L'opération se déroula en silence, chacun sachant exactement ce qu'il avait à faire.

Sous les yeux inquiets de Prieur, un agent sortit du sac des gilets de sauvetage et se mit à les éventrer avec un couteau. À la place de la mousse de flottaison, des explosifs, du matériel électronique, fils, minuteries, et des plaques aimantées. À l'aide de boîtiers et de toiles étanches, Mafart et les trois agents confectionnèrent deux mines marines. Puis ils les rangèrent dans le sac et remirent le tout dans le van.

Depuis 1978, le *Rainbow Warrior* avait œuvré sans relâche contre les baleiniers russes et islandais, contre le largage en mer de containers de déchets radioactifs par les pays européens et contre le massacre des bébés phoques au Canada. En mai 1985, son équipage avait été témoin des répercussions des essais nucléaires américains sur l'atoll de Bikini, aux îles Marshall. Brûlures graves de la peau dues aux radiations, cancers de la thyroïde, leucémies, malformations congénitales et fausses couches en nombre très élevé. Les photos de Fernando Pereira, un jeune photographe portugais en mission pour la première fois sur le navire amiral de Greenpeace, avaient fait le tour du monde.

Le 7 juillet, le *Rainbow Warrior* était entré dans le port d'Auckland, accompagné d'une flottille de petits bateaux arborant les couleurs de l'arc-en-ciel pour lui souhaiter la bienvenue. Sur les quais, de nombreux militants de l'organisation et des sympathisants d'autres mouvements écologiques avaient fait une ovation, des journalistes avaient couvert l'événement, sans se douter que dans l'ombre un attentat se préparait.

Le 9 juillet, la veille du point culminant de l'opération « Satanique », la première équipe de la DGSE fut exfiltrée. Les adjudants-chefs Roland Verge, Gérald Andriès, Jean-Michel Barcelo et le docteur Xavier Maniguet quittèrent Auckland sur l'*Ouvéa*. Ils avaient livré les explosifs, leur mission était terminée. Les Turenge étaient maintenant chargés de jouer les intermédiaires avec les plongeurs récemment arrivés en Nouvelle-Zélande par avion.

Quelques jours plus tard, au cœur de l'océan Pacifique et dans le plus grand secret, l'équipage de l'*Ouvéa* coula le voilier pour faire disparaître les preuves. Les agents de la DGSE furent récupérés par le sous-marin nucléaire d'attaque *Rubis*, de la Marine nationale française.

20

« Je connais l'histoire du *Rainbow Warrior*, dit Judith. Je ne l'ai pas couverte à l'époque, mais je l'ai suivie de très près. Cela dit, je peine à voir le lien qu'il pourrait y avoir entre cette regrettable affaire et Caroline.

— Je n'ai jamais prétendu qu'il y avait un lien, répondit Tanja. Mais reconnaissez que certaines similitudes sont troublantes : les époux Bernheim, les faux passeports suisses.

— Verriez-vous en eux de nouveaux "faux époux Turenge" ? »

La directrice du centre écologique éclata de rire, puis reprit :

« Soyons raisonnables, Tanja. Vous m'êtes très sympathique et je perçois en vous une grande intelligence. Une grande sensibilité aussi, sinon vous ne seriez probablement pas ici. Je ne sais toujours pas quels sont vos liens avec Caroline. Mais vous me parlez d'abord de trafic de tortues, et maintenant des essais nucléaires dans le Pacifique. Je doute fort que le trafic de tortues intéresse la Sécurité intérieure.

— Je ne fais qu'interroger les cartes que j'ai sous les yeux, s'excusa Tanja.

— Eh bien, vos cartes m'ont l'air bien troubles. Si vous y voyez plus clair, n'hésitez pas à revenir me voir. Avec un peu de chance, Caroline sera à son poste demain matin. Et même si ce n'est pas le cas et que vous stagnez dans votre enquête, revenez quand même me dire bonjour, ne serait-ce que pour boire un verre. Car je vous aime bien. »

Tanja regardait Judith s'éloigner vers le centre écologique. Elle avait cru percevoir un clin d'œil au moment où la directrice avait prononcé sa dernière phrase. Mais peut-être se faisait-elle des idées ? Judith aimait-elle les femmes ? Tanja dut admettre que, curieusement, la sexagénaire qui ne faisait pas son âge provoquait chez elle une certaine attirance.

Tanja chassa cette pensée de son esprit et retourna vers le lagon. De chaque côté de la plage, les rangées de bungalows sur pilotis s'étendaient sur l'eau turquoise. Des femmes de ménage se déplaçaient sur le ponton en bois avec des voiturettes électriques, comme sur les terrains de golf. Une idée germa dans l'esprit de Tanja.

Elle se dirigea vers la réception de l'hôtel en traversant le restaurant Tipanié. On approchait de l'heure du déjeuner, les clients profitaient déjà des meilleures tables à l'ombre du toit de pandanus, au bord d'une terrasse sur pilotis surplombant la lagune. Les clients assis au bord de l'eau nourrissaient les poissons avec des granulés. Des odeurs diverses se dégageaient du buffet polynésien, la salade de thon cru mariné au lait de coco était à l'honneur. Au buffet européen, un Américain exigeait que son omelette soit refaite, car la serveuse l'avait cassée en la retournant. Dans un monde idéal, Tanja aurait volontiers jeté ce touriste aux requins.

Elle monta un escalier et arriva au niveau de l'étang. La réception était sur sa gauche. La réceptionniste de la veille n'était pas là. Tanja s'adressa à une charmante Polynésienne, qui portait une fleur de tiaré dans ses cheveux ébène.

« *Ia Orana !*

— *Ia Orana !* Puis-je faire quelque chose pour vous ?

— Peut-être. Je cherche une chambre pour la nuit et on m'a dit que vous en aviez une de libre à la suite du départ précipité d'un couple. »

La réceptionniste consulta le registre et prit une mine désolée.

« C'était encore vrai ce matin, mais je suis navrée, nous avons déjà reloué ce bungalow. Les nouveaux clients arrivent ce soir. »

Tanja jeta un coup d'œil discret au registre : « Overwater Otemanu Premium n° 5 ».

« Ce n'est pas grave, je trouverai une autre solution. Tout de même étrange, ce couple Bernheim, ne trouvez-vous pas ?

— Vous les connaissiez ? s'étonna la réceptionniste.

— Pas plus que ça. Je les ai croisés au sanctuaire des tortues et nous avons sympathisé. Mais ils n'étaient pas très causants. Pourtant, nous venons du même pays. »

La réceptionniste lut le registre et releva la tête.

« Ah, vous êtes suisse, vous aussi ? C'est vrai,

j'aurais pu le deviner. Vous avez le même accent que Mme et M. Bernheim, mais en moins prononcé.»

La remarque surprit Tanja. On ne lui avait jamais dit qu'elle avait l'accent suisse. S'il lui restait un léger accent, il était plutôt albanais. Elle sourit et força volontairement le trait en roulant les "r":

«Vous voulez dire qu'ils parlaient comme ça?»

La réceptionniste émit un petit rire.

«Exactement! Un peu comme les Russes quand ils s'expriment en français, ce qui est plutôt rare. J'ignorais d'ailleurs que l'accent suisse était si proche de l'accent russe. Mais il faut dire que nous n'avons pas souvent de clients suisses, ici.»

Tanja redevint sérieuse et simula la gêne.

«J'ai un service à vous demander. J'aurais voulu dire au revoir aux Bernheim. Savez-vous quand ils doivent reprendre l'avion?»

La réceptionniste chercha dans l'ordinateur.

«Normalement, leur vol est prévu dans trois jours. Mais après leur départ anticipé de l'hôtel, il est possible qu'ils aient modifié leurs billets. Je ne peux pas vous en dire plus, désolée.

— Ne vous en faites pas, ce n'est pas très important. Encore une question: le jour où j'étais avec les Bernheim au sanctuaire des tortues, j'ai croisé un Polynésien handicapé. Vous voyez de qui je parle?»

La réceptionniste prit un air ennuyé.

«Oh, vous avez croisé Anui... J'espère qu'il ne vous a pas embêtée avec ses histoires. Il est bizarre, mais il n'est pas méchant.

— Il habite sur l'île?

— Oui, à Anau, juste en face. Je ne sais pas où

exactement, mais je sais qu'il vit avec sa mère. La pauvre…

— Pourquoi ?

— Elle est vieille et le handicap de son fils doit être très lourd à gérer. À Bora-Bora, le système de santé est adapté aux cas légers. Anui devrait être pris en charge à Papeete, mais ça coûte cher et sa mère n'a pas d'argent. »

Tanja remercia la réceptionniste et lui demanda un dernier service : un crayon à papier, une feuille de papier et un rouleau de scotch.

21

Tanja quitta la réception par l'escalier extérieur et gagna le premier ponton en bois. Il y avait un petit panneau avec un plan des emplacements. Elle repéra l'Overwater Otemanu Premium n° 5 ; le bungalow des Bernheim était au bout de la jetée.

Tanja longea le ponton. De part et d'autre, l'eau était limpide, le soleil au zénith jetait des éclats dorés et argentés dans le lagon, au passage de bancs de poissons. Une raie pastenague ondulait entre les pilotis de deux bungalows. Un peu plus loin, dans l'embouchure d'une petite passe qui coupait le motu Piti A'au en deux et donnait un accès direct à la barrière de corail, Tanja devina, à la surface de l'eau, l'aileron d'un petit requin à pointes noires.

Une voiturette électrique était garée à mi-parcours, devant une étroite passerelle qui menait à une porte ouverte. Des femmes de ménage étaient à l'œuvre dans le bungalow. Tanja les entendait discuter et rire.

À l'arrière de la voiturette, il y avait un grand sac pour le linge sale, des brosses, des produits de nettoyage, des piles de draps et de serviettes propres.

Sur le siège passager, un trousseau de clés. Tanja le subtilisa discrètement et poursuivit son chemin.

Le bungalow des Bernheim avait dû être nettoyé la veille. Il était prêt à accueillir les nouveaux clients, les femmes de ménage avaient enclenché la climatisation. Un grand ventilateur suspendu au plafond brassait l'air. La différence de température avec l'extérieur était flagrante, Tanja eut un frisson.

Le bungalow offrait un savant mariage de luxe contemporain et d'authenticité polynésienne. L'armature et les meubles étaient en bois poli, façon acajou. Les fenêtres donnaient sur le lagon, avec de grands rideaux beiges. Sur la gauche après le vestibule, un lit *king size* à baldaquin et moustiquaire. Au pied du lit, un plancher en verre avec vue sur l'eau turquoise. En face du lit, un canapé, des coussins rouges et une paroi striée de lamelles en bois qui séparait la chambre de la salle de bains. Contre la paroi, un grand écran plat de télévision.

Tanja ouvrit la porte-fenêtre qui donnait sur une terrasse ombragée. Les palmes de pandanus pendaient de l'avant-toit. Deux chaises longues faisaient face au lagon, à l'île principale et au mont Otemanu. Le Premium n° 5 portait bien son nom.

La terrasse ne présentait aucun intérêt, Tanja s'en rendit vite compte et referma la porte. L'intérieur était plus intéressant, mais il fallait trouver un endroit, si infime soit-il, que les Bernheim avaient pu toucher et que les femmes de ménage n'auraient pas nettoyé. Inutile de penser au lit, aux tables de nuit, aux poignées de porte et de fenêtre, à la salle de bains et aux toilettes. Tanja regarda le minibar et la cafetière posée dessus. Elle hésita, puis renonça.

Son regard s'arrêta sur un téléphone fixe posé à côté du lit. Le genre d'objet qu'une femme de ménage pouvait aisément oublier de nettoyer. Tanja se rendit dans la salle de bains, trouva un kit cosmétique, l'ouvrit et sortit un coton-tige. Dans un tiroir, elle dénicha un tire-bouchon muni d'un petit couteau, s'installa sur le bord du lit et prit le crayon à papier. Avec la pointe du couteau, elle l'éventra sur toute sa longueur et sortit la mine, qu'elle broya en poudre sur la table de nuit. Puis elle prit le coton-tige et l'effila pour obtenir des poils très fins. Elle saupoudra le téléphone de graphite, le balaya délicatement avec le pinceau improvisé et s'approcha au plus près pour observer l'appareil. Elle ne trouva aucune empreinte digitale exploitable, ni sur le combiné ni sur les touches.

Tanja n'était pas du genre à baisser les bras. Elle fit le tour de la chambre. Les chances étaient minces, elle le savait. À côté du lit, il y avait une petite pièce ouverte, qui faisait office de dressing. Quelques étagères vides, une planche à repasser, un fer à vapeur. Et un coffre-fort.

Tanja prit la feuille de papier et s'en servit pour ramasser un peu de graphite. Elle retourna dans le dressing et, à l'aide du pinceau, déposa une fine couche de poudre grise sur les touches du coffre. Puis elle souffla pour éliminer les résidus, révélant plusieurs empreintes. Délicatement, elle les préleva les unes après les autres au moyen du scotch, puis les décalqua sur le verso de la feuille blanche. Satisfaite du résultat, elle les photographia avec son téléphone.

L'heure affichée à l'écran indiquait midi. En Suisse, il était minuit. Trop tard pour appeler Flavie.

Tanja ouvrit sa boîte mail et envoya un courriel à la greffière avec, en pièces jointes, les photographies des empreintes digitales. Dans le texte, elle lui demandait de procéder à une nouvelle vérification concernant le couple Bernheim, sans autre explication. Elle avait terminé son message par un petit cœur rouge en émoticône.

22

Le soir du 10 juillet 1985, veille du départ de la flottille de Greenpeace pour l'atoll de Mururoa, Orion observait le *Rainbow Warrior* à quai avec des jumelles, depuis une chambre de l'hôtel Hyatt. À bord du bateau, il y avait une fête, des gens dansaient sur le pont.

Un homme descendit du navire par la passerelle et s'arrêta vers les docks. Il alluma une cigarette, tira deux bouffées, puis jeta le mégot. Orion reconnut le signal de son agent, contacta les Turenge par radio, reconnut la voix de Prieur et annonça : « La voie est libre, ils ne se méfient de rien. »

Le van Toyota pénétra de nuit dans une zone portuaire éloignée de l'emplacement du *Rainbow Warrior*. La météo était clémente, mais il faisait frais. L'équipe des nageurs de combat attendait à l'endroit indiqué.

Mafart les connaissait bien, il les avait entraînés tous les trois. Jean-Luc Kister et Jean Camas plongeraient avec les mines, Gérard Royal piloterait le canot pneumatique. C'était le frère de Ségolène Royal, conseillère technique du président Mitterrand, chargée des affaires sociales et de l'environnement.

Les Turenge aidèrent les nageurs de combat à décharger et à transporter le matériel à l'abri d'une grande jetée. Dans une quasi-obscurité, sur une petite plage soutenant les pontons, ils gonflèrent le canot et installèrent le moteur, posèrent à son bord les rames et le sac de sport, puis poussèrent l'embarcation à l'eau. Les deux plongeurs s'équipèrent. Mafart rappela à Royal le lieu d'exfiltration, le pilote acquiesça.

Les Turenge regardèrent le canot s'éloigner, d'abord à la rame jusqu'à l'orée de la jetée, puis au moteur. Quand il disparut dans la nuit, ils remontèrent vers le van et quittèrent la zone portuaire.

23

Tanja n'attendrait pas la réponse de Flavie au sujet des empreintes digitales relevées dans le bungalow des Bernheim. Au mieux, la greffière lirait ses mails à son réveil. Le temps qu'elle obtienne une réponse de la police suisse, le soleil se serait couché depuis longtemps en Polynésie. Il était midi, Tanja était attendue dans trois heures à la gendarmerie de Vaitape, ça lui laissait un peu de temps. Elle récupéra son jet-ski et prit la direction de l'aéroport.

Situé sur le motu Mute au nord de la barrière de corail, l'aéroport de Bora-Bora appartenait aujourd'hui à la Polynésie française, mais il n'en avait pas toujours été ainsi. Il avait été construit par l'armée américaine durant la guerre du Pacifique, entre 1942 et 1943, comme base de ravitaillement et de repli contre l'avancée des Japonais. Pour les travaux de terrassement, la jetée et le remblai, les soldats avaient utilisé des pierres volcaniques de l'île principale. Puis ils avaient asphalté deux pistes, une pour les bombardiers et l'autre pour les chasseurs. À la fin de la guerre, la base américaine avait été fermée, et une partie du matériel jetée dans le lagon.

Aujourd'hui, l'aéroport connaissait la deuxième plus grosse affluence du trafic aérien en Polynésie française, après l'aéroport international de Tahiti-Faaa, à Papeete. Plus de vingt mille touristes débarquaient sur l'île chaque année. L'aéroport était desservi par des bateaux-taxis et des navettes privées des hôtels. Une navette publique gratuite reliait également Vaitape.

Tanja amarra son jet-ski, mit son paréo et se dirigea vers le petit terminal aux toits polynésiens. Un ATR d'Air Tahiti venait de décoller, un autre s'apprêtait à débarquer ses passagers. Ses hélices tournaient encore et le bruit des moteurs couvrait à moitié les discussions. Le personnel hôtelier attendait avec des pancartes d'accueil. Dans la plus pure tradition des îles, des jeunes filles avaient préparé des colliers de fleurs pour les nouveaux arrivants et des colliers de coquillages pour ceux qui partaient.

Un détail attira l'attention de Tanja : on avait élevé le niveau de sécurité. Elle compta au moins cinq gendarmes, soit plus de la moitié de l'effectif de base de Vaitape. Beaucoup d'agents de l'aéroport aussi, et des Européens en complet noir, cravate et lunettes de soleil. Ils portaient des oreillettes peu discrètes et donnaient des consignes aux gendarmes et aux agents de sécurité. On avait également installé des barrières Vauban pour canaliser les voyageurs. Une certaine effervescence troublait la quiétude habituelle des lieux.

Parmi les gendarmes, Tanja reconnut Lionel Lettermann. Lui ne l'avait pas vue. Elle baissa la tête et contourna un groupe de passagers pour éviter de croiser le major. Un peu plus loin, elle repéra un alignement de petits comptoirs en bois sur roulettes, avec les noms des hôtels. Personne derrière. Tanja passa à côté de celui du Méridien, prit une pancarte sur une chaise, et se dirigea vers les *desks*.

Elle en choisit un où il n'y avait pas d'attente et se présenta devant l'hôtesse. Après l'échange traditionnel de «*Ia Orana*», elle lui montra rapidement la pancarte. L'hôtesse n'eut que le temps de lire le nom de l'hôtel, pas celui du passager inscrit dessus.

«Je cherche Solange et Daniel Bernheim, dit Tanja. Pourriez-vous me dire s'ils ont déjà récupéré leurs billets et enregistré leurs bagages?

— Comment écrivez-vous leurs noms?»

Tanja épela. L'hôtesse chercha dans son ordinateur, puis reprit:

«Je suis désolée, mais dans le système, il est indiqué qu'ils n'ont des billets que dans trois jours, pour Genève, via Papeete, Los Angeles et Paris.

— C'est curieux, ils m'ont pourtant dit qu'ils avaient avancé leur retour.

— Ce n'est pas le cas. Les billets n'ont pas été modifiés. Ils n'ont pas encore confirmé le vol, mais il n'est pas prévu qu'ils embarquent aujourd'hui.»

Tanja gratifia l'hôtesse d'un petit *mauruuru* et s'éloigna du *desk*. Elle déposa la pancarte dans un coin et se mit à réfléchir en regardant, un peu dans le vague, les gens qui allaient et venaient. Le brouhaha embrouillait son esprit. Elle repensait à Caroline, à Judith, au docteur Temauri, à cette gendarme qui avait répondu à la place du légiste et qui l'avait convoquée, à ce couple de Suisses qui s'était mystérieusement volatilisé. Si les Bernheim avaient quitté Bora-Bora, ce n'était en tout cas pas par avion.

Alors qu'elle était perdue dans ses pensées, Tanja se sentit soudain observée. Un bref instant, elle craignit que le major Lettermann ne l'ait repérée, mais ce n'était pas le cas. De l'autre côté du terminal, un homme la fixait à travers la foule, et leurs regards se croisèrent.

L'homme était polynésien, peut-être la quarantaine. Il était borgne, son œil gauche était tout blanc, son visage déformé par d'anciennes brûlures. Quand l'homme comprit que Tanja l'avait repéré, il fit volte-face et s'éloigna en claudiquant.

24

Tanja fonça en droite ligne à travers la foule, écartant les passagers sans ménagement. On entendit d'abord des protestations discrètes, puis une clameur quand Tanja renversa un lot de valises. Un touriste mécontent la saisit par un bras en baragouinant quelque chose en anglais, mais elle se dégagea violemment en lui tordant le poignet, et il cria de douleur. Puis elle poursuivit son chemin comme si de rien n'était, focalisée sur sa cible.

Tanja ne voyait plus le Polynésien, mais elle savait qu'avec son handicap il ne pourrait pas aller bien loin. Les touristes commencèrent à s'écarter pour la laisser passer. Sur les visages, on lisait des interrogations, de la crainte aussi. Quand Tanja parvint à l'orée de la foule, elle repéra l'homme qui s'apprêtait à monter sur la navette en partance pour Vaitape. Elle le rattrapa *in extremis*, le ceintura pour l'empêcher de franchir la passerelle et le plaqua sans ménagement sur le quai.

Le Polynésien se mit à hurler des mots incompréhensibles. Tanja le retourna sur le dos et cria à son tour :

« Qu'est-ce que tu as fait ? Pourquoi tu as tué Caroline ? Pourquoi tu me surveilles ? »

Médusé, il fixait Tanja de son œil valide, comme s'il ne comprenait pas ce qu'elle lui voulait.

Tanja sentit soudain un étau se refermer sur elle. Quatre mains puissantes la saisirent de part et d'autre, et la redressèrent avec force, resserrant l'étreinte par une clé de bras. Elle voulut se débattre, sans succès.

« Mais lâchez-moi ! »

Nerveusement, elle tourna la tête d'un côté, puis de l'autre, et remarqua les uniformes de la gendarmerie.

« Lâchez-moi, répéta-t-elle un peu plus calmement. C'est lui que vous devez arrêter, pas moi. C'est un assassin. »

Les voyageurs regardaient la scène, interloqués. Le major Lettermann s'approcha et s'adressa à Tanja :

« Qui a-t-il assassiné ?

— Caroline.

— Caroline Lemoine ?

— J'ignore son nom de famille. La fille du Méridien, la victime de Piti A'au. »

Lettermann soupira et se tourna vers le Polynésien, qui s'était relevé et tentait de reboutonner sa chemise à fleurs déchirée.

« Dégage d'ici, Anui ! lui dit-il en indiquant la navette sur le point de lever les amarres.

— Vous ne l'arrêtez pas ? s'indigna Tanja.

— Pour quel motif ?

— Je vous l'ai dit : assassinat.

— Anui n'a assassiné personne, madame Stojkaj. Il est ici pratiquement tous les jours, pour tenter de récupérer quelques malheureux francs Pacifique auprès des voyageurs en partance. Une forme de mendicité que nous tolérons, parce qu'Anui n'est pas méchant et n'importune pas les gens. Rien de plus.

— Mais Caroline..., murmura désespérément Tanja en voyant l'homme monter en claudiquant sur le bateau.

— Mlle Lemoine n'a pas été assassinée. Le rapport d'autopsie est formel : elle a été victime d'une attaque de requin. »

Tanja accusa le coup, les informations se mélangèrent dans sa tête comme les boules dans une sphère de loterie.

« Je veux parler au légiste.

— Je crains que ce soit impossible... »

Lettermann hésita, puis reprit :

« De toute façon, vous n'êtes qu'un témoin dans cette affaire et je ne vois pas ce qui vous y autoriserait.

— Et le corps ? Il est toujours à la morgue de Vaitape ? Vous ne comptez pas demander une vraie autopsie ?

— Le docteur Temauri est un très bon légiste. Il a envoyé son rapport en temps et en heure, ses conclusions sont très claires. Le parquet de Papeete vient de classer l'affaire et a ordonné la libération du corps.

— Je veux le voir.

— Le procureur ?

— Non, le corps.

— C'est exclu, madame Stojkaj ! Encore une fois, vous n'êtes qu'un simple témoin et je ne me souviens pas que vous m'ayez dit avoir des compétences médicolégales. De toute façon, il est trop tard. Le corps de Mlle Lemoine vole actuellement quelque part au-dessus de l'océan, entre Bora-Bora et Papeete. Il sera remis demain à sa famille à Paris. Fin de l'histoire. »

Tanja regarda le capitaine de la navette lever les amarres et mettre les gaz. Sur le pont arrière, Anui la fixait. Sa gueule à moitié brûlée et son œil blanc accentuaient son air inquiétant. Tanja se dit qu'elle s'était peut-être trompée. Son corps se détendit, les gendarmes relâchèrent un peu leur étreinte.

« Si c'est un accident et que l'affaire a été classée, dit-elle à Lettermann, pourquoi votre collègue Gonnet m'a-t-elle convoquée cet après-midi à 15 heures ?

— Vous verrez bien, répondit laconiquement le major. De toute façon, mes hommes vont directement vous conduire au poste de Vaitape.

— Est-ce que vous m'arrêtez ?

— Non. Mais j'aimerais comprendre pourquoi vous vous en êtes prise à cet homme et ce que vous faites ici, à l'aéroport.

— Et vous ? (Tanja désigna d'un geste de la tête la foule, le dispositif de sécurité et l'effervescence qui régnait à l'aéroport.) Ne me dites pas qu'il faut autant de gendarmes pour organiser le rapatriement d'un cercueil en France ? »

Lettermann sourit.

« Vous êtes perspicace pour une simple touriste, madame Stojkaj. Si vous avez suivi les informations des médias, vous avez sûrement entendu parler de l'arrivée imminente d'Emmanuel Macron en Polynésie. Mais ce que les journalistes n'ont pas encore annoncé, c'est qu'après Papeete et Moorea, le président de la République a décidé de faire une escale à Bora-Bora. Vous comprendrez donc pourquoi nous sommes un peu à cran. »

25

Orion reposa les jumelles sur le lit de la chambre d'hôtel. Son agent avait quitté le quai depuis une quinzaine de minutes et la fête à bord du *Rainbow Warrior* battait son plein. Au-dessus du pont du navire, contre la passerelle de navigation, flottait une banderole noire sur laquelle on pouvait lire en grosses lettres blanches « Nuclear Free Pacific ». Orion prit la radio et annonça : « Trois heures. Je répète : trois heures. »

À bord du canot pneumatique, les deux plongeurs enfilèrent leur bouteille et ajustèrent leur masque. Chacun prit une mine marine, puis bascula en arrière dans les eaux sombres du port d'Auckland. Kister et Camas étaient sanglés l'un à l'autre en raison des risques d'hyperoxie. On voyait à peine à un mètre, les lumières des quais diffusaient une clarté nébuleuse dans le néant, les plongeurs s'orientaient grâce à leur compas. Ils connaissaient par cœur la distance qui les séparait de la cible et la calculaient au nombre de coups de palmes.

Les nageurs de combat étaient des professionnels, des militaires qui obéissaient aux ordres venus du plus haut niveau. Au-delà de leurs contacts directs avec Mafart et Prieur, ils ne connaissaient pas tous les détails logistiques de l'opération « Satanique », ni les membres de la première équipe, celle du voilier *Ouvéa*. Tout était soigneusement cloisonné.

Kister et Camas étaient les bras armés de l'État, chargés de la phase chirurgicale du plan. Quand ils avaient fait part de leur surprise au sujet de la cible, on leur avait répondu que Greenpeace était infiltré par le KGB. En pleine guerre froide, à une époque où la Russie représentait l'ennemi juré, l'argument avait porté. Mais à l'instar de l'amiral Lacoste, Kister aurait préféré une solution moins radicale. À ses yeux, le choix politique de couler le *Rainbow Warrior* était comme écraser une mouche avec un gant de boxe, complètement disproportionné.

En approchant de la cible, les deux plongeurs firent une discrète émersion pour s'assurer qu'ils étaient bien sur l'objectif. Le navire était là, paisible dans la nuit, avec ses couleurs arc-en-ciel et sa colombe de la paix au rameau d'olivier, peinte sur la coque. Sur le pont, il y avait de la lumière, on entendait de la musique, des voix et des rires.

Kister et Camas replongèrent et nagèrent au rythme de leur respiration lente, jusqu'à se trouver sous le bateau. Les charges devaient être posées contre la coque et l'axe de l'hélice, côté quai. Des repérages de jour avaient révélé la présence d'un voilier, côté bassin. Le risque de blesser quelqu'un était trop grand.

Les nageurs de combat collèrent les mines aux endroits prévus et actionnèrent les minuteries : quatre minutes d'intervalle entre les deux explosions. La première devait donner l'alerte et permettre à l'équipage de quitter le navire, la seconde devait le couler.

Kister et Camas auraient ensuite trois heures pour s'exfiltrer et prendre la route de Wellington. Ils avaient pour ordre de se rendre dans le sud du pays, de jouer les touristes sous de fausses identités et de faire du ski durant une dizaine de jours, avant de regagner la France.

Royal avait revêtu son ciré et son bonnet rouge, jouant son rôle de « Pierrot le Marin ». Il pilota le canot pneumatique vers le point d'exfiltration, mais les choses ne se passèrent pas comme prévu. La présence de badauds à l'endroit convenu l'obligea à continuer le long des rives, jusqu'à un second lieu de rendez-vous. À la suite du même constat, il navigua encore jusqu'à une petite marina, tandis que le van Toyota des Turenge le suivait depuis la berge.

Au point de *rescue*, comme on disait dans le jargon des opérations clandestines, Royal rencontra un nouveau problème : celui de la marée basse. Des rochers l'empêchaient de remonter le Zodiac sur la terre ferme. Il éteignit le moteur, le décrocha et le jeta à l'eau. Puis il s'approcha de la berge à la rame. Il accosta et tenta de tirer le canot hors de l'eau, sans succès. Au même moment, Mafart arrivait.

« Qu'est-ce que t'as foutu ?

— Y avait des gens, impossible d'accoster discrètement.

— OK, ramène-toi, grouille !

— Et le canot ?

— Tu l'as vidé ?

— Oui.

— Alors, laisse-le ! »

Ils glissèrent les rames à bord du van et montèrent. Prieur démarra.

Ce qu'ignoraient les Turenge, c'est que la petite marina connaissait depuis un certain temps une vague de cambriolages. Cette information avait également échappé à Orion lors des préparatifs de l'opération. La sécurité avait été renforcée et des vigiles veillaient. L'attention de l'un d'eux fut attirée par l'étrange manège nocturne. Depuis les locaux d'un yacht-club, au moyen de jumelles, il releva le numéro d'immatriculation du van et le nota sur un bout de papier.

26

Dans la salle d'audition du poste de gendarmerie de Vaitape, Tanja était assise face à Lettermann et Gonnet. En silence, le major aligna, sur la table devant elle, une série de photographies d'une scène de crime. En plan large, le corps d'un homme nu, couché sur le dos au milieu d'une montagne de déchets, les bras le long du corps. En plan serré, un cliché montrait un trou béant dans sa poitrine, un deuxième, son cœur qu'on avait déposé sur son ventre et un troisième, son visage. Tanja reconnut le docteur Temauri. D'autres photos dévoilaient encore des éraflures et des coulures de sang séché au niveau du front, des jambes et des bras.

« Qui lui a fait ça ? murmura l'ex-inspectrice.

— C'est ce que nous cherchons à savoir, répondit Lettermann. Ce matin, j'étais heureux de lire son rapport d'autopsie, l'affaire Caroline Lemoine était résolue avant l'arrivée du président, tout rentrait dans l'ordre. J'étais loin de me douter que nous nous retrouverions avec un meurtre sur les bras.

— Vous avez un suspect ?

— Ça dépend. Où étiez-vous cette nuit ? »

Tanja recula sur sa chaise, l'air ahurie.

« Vous me soupçonnez ? C'est une plaisanterie.

— Je ne plaisante pas. Répondez à la question.

— J'étais chez moi, avec ma mère et mon fils.

— Peuvent-ils confirmer votre alibi ? »

Tanja soupira.

« Mon fils, certainement pas. Il n'a que deux ans. Mais ma mère, oui. Nous avons dîné tard, puis nous sommes allées nous coucher.

— Et je suppose que votre mère jurera que vous n'êtes pas ressortie de la nuit ? »

Le trait d'ironie du major irrita Tanja.

« C'est ridicule. Pourquoi aurais-je voulu tuer le docteur Temauri ?

— À vous de me le dire, madame Stojkaj. Vous n'êtes que témoin dans l'affaire Lemoine et pourtant, depuis hier, vous n'arrêtez pas de vous comporter en suspecte. D'abord les hôtels : plusieurs gérants nous ont rapporté qu'une femme correspondant à votre signalement s'est présentée dans leur établissement comme journaliste en posant d'étranges questions sur une disparition. Puis votre appel de ce matin au docteur Temauri, auquel ma collègue ici présente a répondu parce que, justement, nous avons retrouvé son téléphone sur son cadavre. Enfin, votre présence inexpliquée à l'aéroport ce midi. À quel jeu jouez-vous ?

— Je ne joue pas, s'énerva Tanja. Simplement, hier, chez moi à Piti A'au, j'ai eu l'impression que la mort de cette fille ne vous intéressait pas et que vous étiez pressés de classer l'affaire. Probablement à cause de l'arrivée imminente de votre président. »

Lettermann la regarda un instant sans rien dire, puis s'énerva à son tour :

« Et alors ! Oui, nous sommes sur les dents. Oui, nous sommes en sous-effectifs. Mais ça ne vous donne pas le droit d'enquêter à notre place. Nous connaissons notre travail, madame Stojkaj. Contentez-vous de rester à votre place ! »

Tanja respira profondément, puis demanda calmement :

« Pourrais-je lire le rapport d'autopsie ?

— Certainement pas ! aboya le major. Encore une fois, vous n'êtes qu'un témoin dans cette affaire. Ni flic ni journaliste. Alors, rentrez chez vous et profitez de vos vacances !

— Je ne suis plus suspecte ?

— Vous ne l'avez jamais été. Maintenant, fichez le camp d'ici ! »

Tanja se leva et se dirigea vers la porte, sous le regard compatissant de la gendarme Gonnet, qui s'était contentée de dresser le procès-verbal. Elle ne l'avait même pas imprimé pour signature, probablement sur ordre du major. Une audition alibi. Au moment de sortir, Tanja se tourna une dernière fois vers Lettermann.

« Le meurtre du légiste, c'est un meurtre rituel ? »

Elle s'attendait à une dernière remontrance du major, mais il lui répondit calmement :

« C'est surtout une belle boucherie.

— J'ai retrouvé un seul exemple de meurtre similaire dans le Pacifique, intervint Gonnet. Il remonte au temps de l'explorateur James Cook, au XVIIIe siècle. C'est vous dire si ça date. Cook a été témoin d'un sacrifice rituel après une bataille entre indigènes. Le chef des vainqueurs mangeait le cœur encore chaud du chef des vaincus.

— C'est bien ce que j'ai dit, maugréa Lettermann. Une belle boucherie.

— Et cet Anui, osa Tanja, serait-il capable de commettre un tel meurtre ?

— Mais c'est une obsession ! s'énerva le major.

— Je pose simplement la question, car on m'a dit qu'il était amoureux de Caroline.

— Et alors ?

— Peut-être qu'il n'a pas supporté l'idée que le docteur Temauri la charcute.

— Ridicule. Dans ce cas, il aurait tout aussi bien pu arracher le cœur du requin tueur. Nous connaissons Anui et sa mère depuis longtemps. Ce sont de pauvres gens, mais ils n'ont jamais posé le moindre problème.

— Pas même du trafic de tortues ? »

Lettermann ouvrit de grands yeux étonnés.

« Pourquoi cette question ?

— J'ai appris que Caroline était sur la piste de braconniers. Pour des gens pauvres, ça pourrait représenter de l'argent facile.

— Comme le trafic d'*ice* et le trafic de perles, qui sont aussi monnaie courante en Polynésie… Croyez-moi, madame Stojkaj, si Anui faisait ce genre de trafics, il n'aurait pas besoin de mendier tous les jours à l'aéroport. Alors, pour la dernière fois, fichez le camp d'ici ! »

27

Anui Tetuanui avait du sang américain dans les veines. Il n'avait jamais connu son grand-père paternel, un GI rentré chez lui à la fin de la guerre, et ne gardait que peu de souvenirs de son père, recruté par l'armée française dans les années 1980 pour travailler au CEP, le Centre d'expérimentation du Pacifique. Anui venait de fêter ses quarante-cinq ans, il vivait avec sa mère dans la petite localité d'Anau, sur la côte est de l'île.

Quand la navette de l'aéroport accosta à Vaitape, il récupéra son scooter, mais il ne rentra pas tout de suite chez lui. Il longea la côte vers le nord, contourna la baie de Faanui et s'arrêta dans un endroit isolé. Il laissa le scooter au bord de la route et continua à pied, sur un sentier qui grimpait dans la forêt. Il trouva la bouche de métal, décadenassa l'accès et plongea dans l'obscurité.

Marche après marche, Anui descendait dans les entrailles de la terre. Il prenait son temps, sa patte folle l'empêchant d'aller plus vite. Le sol devenait humide et glissant. À mi-chemin, quand les ténèbres devinrent si denses que son unique œil valide n'y voyait plus, Anui tâtonna la paroi rocheuse et descendit encore quelques marches. Sa main trouva la faille, il la glissa à l'intérieur et fouilla un peu. Ses doigts se refermèrent sur les deux objets qu'il avait laissés à cet endroit, lors de son précédent passage : un paquet d'allumettes et une bougie.

Le craquement de l'allumette résonna dans le noir, la flamme éclaira le couloir creusé dans la roche volcanique. L'œil blanc d'Anui reluisit comme une pierre d'ambre au milieu de son visage ravagé. Le Polynésien alluma la bougie et reprit sa descente. Un léger souffle faisait vaciller la flamme et provoquait des ombres dansantes sur les murs noirs.

Anui frissonnait. Il n'avait pas peur, il ne craignait plus les *tupapau* depuis bien longtemps. Il était lui-même devenu un des leurs, une âme en sursis rôdant sur l'île jusqu'à ce que la mort le délivre de son enveloppe charnelle abîmée. Anui frissonnait parce qu'il faisait de plus en plus froid.

Au pied de l'escalier, il atteignit une autre porte métallique, rouillée. Quand il la poussa, elle grinça. Derrière, il y avait une salle bétonnée, séparée en deux par une paroi et une vitre. De l'autre côté de la vitre, la lueur bleutée d'un vieux néon et deux spectres bien plus menaçants et bien plus réels que les esprits des morts dont sa mère lui parlait depuis sa naissance.

La voix grésilla d'un vieux haut-parleur incrusté dans la paroi de béton.

« Que fais-tu là, mon ami ?

— Je suis venu vous prévenir…

— Nous prévenir de quoi ? »

Anui hésita. À travers la vitre, il devinait les deux silhouettes qui lui rappelaient un peu les extraterrestres d'un vieux film de son enfance. Leur visage était caché par une espèce de masque cylindrique. Anui bégaya :

« Je… jamais je ne pourrai le faire seul.

— Mais tu n'es pas seul, mon ami. Nous sommes avec toi et nous le serons jusqu'au bout.

— Je sais. Mais il y a cette femme…

— Quelle femme ? »

Anui marqua une nouvelle hésitation, puis répondit précipitamment :

« Une touriste de bananes aux cheveux rasés. Elle pose des questions partout, beaucoup trop de questions. Sur la fille, sur vous, sur moi. Tout à l'heure, à l'aéroport, elle a essayé de me faire parler. »

Il y eut un lourd silence, puis la voix reprit :

« Et tu as parlé ?

— Non ! Bien sûr que non !

— Elle aurait pu te suivre jusqu'ici ?

— Non. Elle… elle a été arrêtée par la police.

— La police ? Tout cela est très fâcheux. »

Derrière la vitre, les deux spectres se regardèrent. Ils coupèrent le micro, échangèrent quelques mots. Anui ne les entendait plus. Les secondes s'égrenèrent, pesantes. Puis les spectres rallumèrent le micro et la voix conclut :

« Voilà ce que nous allons faire, mon ami… »

28

Tanja quitta le poste de gendarmerie de Vaitape en fin d'après-midi, le soleil déclinait déjà dans le ciel. Elle gagna le port à pied, retrouva son jet-ski là où les gendarmes le lui avaient indiqué. Méfiante, elle inspecta rapidement la machine, ses compartiments, le bloc-moteur, tous les endroits où une balise GPS aurait pu être placée. Elle n'en trouva aucune.

Les gendarmes lui avaient aussi rendu son téléphone. De ce côté-là, Tanja n'avait aucune crainte. Si le major Lettermann avait eu l'idée de la placer sur écoute – ce que les autorités pénales suisses avaient probablement déjà fait pour tenter de la localiser –, le signal baladerait les enquêteurs de Marrakech à Pékin, en passant par Melbourne.

Rassurée, Tanja quitta le port et prit la direction du sud. Elle fit une boucle autour d'un îlot dans la baie de Tuuraapuo pour s'assurer que personne ne la suivait, puis elle revint le long de la côte en direction de Vaitape. Elle gara le jet-ski au même endroit que le matin, sur les quais du petit supermarché, et attendit la tombée de la nuit.

Le centre médical avait fermé ses portes. Dans le bâtiment contigu du dispensaire, il y avait de la lumière, mais ce n'était pas un problème. Le bureau du docteur Temauri donnait à l'opposé.

Tanja traversa la route et se faufila discrètement dans le jardin. Les palmiers au clair de lune formaient sur la pelouse des ombres inquiétantes, comme de grandes gueules aux dents acérées. Au pied d'un cocotier, Tanja trouva des outils, probablement abandonnés par les jardiniers. Elle prit une barre métallique et se dirigea vers la quatrième fenêtre à droite de la réception. Elle fractura le panneau à claire-voie et dégagea l'accès, puis elle escalada le mur et entra.

Tanja traversa la pièce et se dirigea vers la porte. Elle actionna délicatement la poignée et ouvrit. Confrontée à une légère résistance, elle força un peu. La manœuvre provoqua un petit froissement de papier et de plastique, en arrachant les scellés posés par la gendarmerie. Le couloir du centre médical était plongé dans l'obscurité, le silence régnait. Tanja referma la porte.

Le bureau du docteur Temauri était tel que Tanja l'avait laissé ce matin. Les enquêteurs avaient emporté la tour de l'ordinateur, ce qui n'était pas une surprise. Mais comme elle lors de sa première visite, ils avaient négligé un détail : la poubelle. Tanja prit la corbeille et renversa son contenu sur le sol.

Elle s'accroupit, défroissa les feuilles chiffonnées les unes après les autres et les lut, puis remit dans la poubelle celles qui ne présentaient aucun intérêt. Elle s'arrêta sur une série de notes manuscrites. Sur la première feuille, il y avait un titre griffonné souligné à la va-vite : « autopsie inconnue ». Et la date de la veille.

Les feuilles étant numérotées, Tanja n'eut aucun mal à les remettre dans l'ordre. Elle les lut à la seule clarté de la lune qui filtrait par la fenêtre fracturée.

Les dernières lignes manuscrites lui sautèrent aux yeux comme une agression : « coup de couteau au biceps gauche ». Le major Lettermann n'en avait jamais fait état, il s'était contenté de conclure à une attaque de requin. Et le parquet de Papeete avait classé le dossier.

Les questions se mirent à tourner dans l'esprit de Tanja. Qui avait menti ? Pourquoi ? Qui avait un intérêt à étouffer l'affaire ? La gendarmerie ? Le procureur ? Le docteur Temauri ? Dans ce cas, pourquoi l'avait-on éliminé ? Avait-il falsifié son rapport d'autopsie ? L'avait-on contraint à le faire pour maquiller le meurtre de Caroline en accident ?

Tanja photographia les notes manuscrites au moyen de son téléphone, puis quitta les lieux par la fenêtre.

Quand elle rentra au faré de Piti A'au, Tanja trouva sa mère sur le canapé, devant la télévision. Loran dormait à côté d'elle, la tête posée sur ses genoux.

Au regard de sa mère, Tanja comprit tout de suite que quelque chose n'allait pas.

« Où étais-tu ? demanda Erina.

— J'ai été retenue à Vaitape. La police voulait me poser des questions, je t'expliquerai. Ne t'inquiète pas. »

Tanja s'approcha, déposa un baiser sur le front de sa mère, puis fit de même avec son fils. Loran ne broncha pas.

« Bien sûr que je suis inquiète, dit Erina. J'ai toujours respecté la confidentialité de ton ancien travail, je ne t'ai jamais rien demandé quand tu rentrais tard le soir. Ou quand tu ne rentrais pas du tout de la nuit. Mais aujourd'hui, ce n'est plus pareil. Tu n'es plus flic. Et pourtant, tu te comportes comme avant. Je ne sais pas ce qui se passe, tu nous as amenés ici pour nous protéger, mais j'ai l'impression que tu fais tout le contraire. Même Loran avait peur ce soir, il n'a pas voulu dormir dans sa chambre.

— Que s'est-il passé ?

— Nous avons eu de la visite.

— Qui ?

— Un homme bizarre, je ne l'avais jamais vu auparavant. »

Tanja frémit, elle s'agenouilla devant sa mère et la saisit fermement par les épaules.

« À quoi ressemblait-il ? Qu'est-ce qu'il voulait ?

— C'était un Polynésien, il boitait, il avait le visage à moitié brûlé et il était borgne. Il a demandé qui tu étais et pourquoi tu le suivais. Il m'a fait peur. Et il a fait peur à Loran.

— Il vous a menacés ?

— Non… enfin, ce n'était pas très clair… Après avoir posé ces questions, il s'est mis à délirer. Je n'ai pas tout compris. Il parlait d'esprits, de fantômes, de son père, de sa mère. Et aussi d'une lune noire et d'une explosion. »

29

À bord du *Rainbow Warrior*, on fêtait le vingt-neuvième anniversaire de Steve Sawyer, un membre de Greenpeace. Il y avait beaucoup de monde, l'équipage bien sûr, mais aussi des invités, journalistes et sympathisants. Sur le pont décoré de lampions multicolores et dans l'ancienne cave à poissons du navire, transformée en salle de réunion et rebaptisée le « théâtre », on buvait, on riait, on dansait et on chantait.

Peu avant 21 heures, un journaliste à l'accent français vint saluer Sawyer et lui dit qu'il devait partir. Sawyer en profita pour lui présenter l'homme avec qui il partageait une bière.

« Fernando Pereira, excellent photographe d'origine portugaise qui a rejoint tout récemment notre équipage. »

Les deux hommes se serrèrent la main, puis le journaliste quitta le bateau. Sawyer et Pereira le regardèrent descendre la passerelle. Le journaliste s'arrêta vers les docks, alluma une cigarette, tira deux bouffées, puis jeta le mégot.

« *Crazy French !* » plaisanta Sawyer, avant de retourner aux festivités de son anniversaire.

La fête s'était terminée entre 23 heures et 23 h 30. Steve Sawyer était parti pour un rendez-vous à l'autre bout de la ville d'Auckland, avec d'autres membres de Greenpeace. Vers 23 h 45, la moitié de l'équipage était encore réveillée, l'autre dormait. Peter Willcox, le capitaine du *Rainbow Warrior*, dormait dans sa cabine.

La première explosion retentit à 23 h 48. Réveillé en sursaut, Willcox pensa d'abord à une collision avec un autre bateau. Depuis qu'il était arrivé en Nouvelle-Zélande, le capitaine était un peu nerveux après plusieurs mois passés en haute mer. Il se redressa subitement dans son lit et regarda par le hublot qui donnait sur l'avant du navire. En voyant le port, ses idées s'éclaircirent et il fut d'abord soulagé. Les premiers mots qui lui vinrent à l'esprit furent : *pas de problème, le bateau est en sécurité*.

Willcox se recoucha, mais constata que le générateur ne fonctionnait plus, le bruit sur le navire était différent. Puis il se rendit compte que tout, dans sa cabine, était sens dessus dessous. Ses lunettes, qu'il accrochait depuis quatre ans au même endroit, étaient tombées. La chaise était renversée, ses habits n'étaient plus là où il les mettait d'habitude.

Willcox se leva, s'habilla rapidement et sortit dans le couloir. Il faisait nuit, les lumières ne fonctionnaient plus. Des gens couraient, d'autres criaient d'évacuer le bateau. Willcox se trouvait à cinq mètres de la porte de la salle des machines, il s'y précipita. Au sommet d'une échelle, le chef mécanicien avait l'air désespéré. En voyant le capitaine, il lâcha : « C'est foutu ! »

En contrebas, à moins d'un mètre du pont où ils se trouvaient, des trombes d'eau déferlaient dans la cale. Les deux hommes se précipitèrent vers la sortie.

Le photographe Fernando Pereira était en train d'évacuer sur la passerelle qui menait à quai quand il s'arrêta et fit demi-tour. Il bouscula quelques personnes qui cherchaient à fuir, courut sur le pont et redescendit dans le secteur des cabines. Il croisa le capitaine et le chef mécanicien qui remontaient. Willcox lui cria :

« Où vas-tu ?

— Chercher mon matériel !

— Non ! Fernando, oublie ça ! »

Willcox tenta de le retenir, sans succès. Pereira était déjà en bas et avait rejoint sa cabine.

Quatre minutes après la première explosion, une seconde, plus violente, secoua le navire. L'eau submergea aussitôt la cabine du photographe et bloqua la porte d'accès.

TROISIÈME JOUR

30

Une auréole rouge maculait le kimono de Caroline, à la hauteur de son bras gauche. Tanja lui demanda de relever la manche souillée, la jeune femme obéit et dévoila sa blessure provoquée par le coup de couteau.

« Ça ne te fait pas souffrir ? demanda Tanja, étonnée par le sourire de Caroline.

— Ce n'est rien, comparé à ce qui va suivre. »

Elles se trouvaient dans le vaste parc arboré, traversé par la rivière bordée de cerisiers en fleur. Plus loin, les petits commerces aux toits de pagode, le temple vermeil, le clocher coiffé d'un dôme, les maisons en ossature de bois léger et de papier de la ville de Hiroshima. Et toujours le bruit assourdissant des sirènes.

« Je sais, dit Tanja. Les requins…

— Les requins sont dans le ciel », répondit Caroline en levant les yeux.

L'escadrille de bombardiers B-29 avançait en tirant des sillons blancs dans le ciel bleu, sous les regards terrifiés des Japonais qui s'étaient mis à courir dans tous les sens.

Parmi les avions américains qui avaient décollé

de North Field, dans les îles Mariannes du Nord, le 6 août 1945, l'*Enola Gay* transportait le produit d'une recherche de plusieurs années, menée dans le cadre du projet « Manhattan » : une bombe atomique à l'uranium 235 surnommée « Little Boy », dont les principaux composants avaient été acheminés sur l'île de Tinian par l'*USS Indianapolis*.

« Little Boy » fut larguée par *Enola Gay* à près de dix mille mètres d'altitude. La forme cylindrique de trois mètres de long et soixante-dix centimètres de diamètre chuta durant quarante-trois secondes. Tanja suivit le point noir qui grossissait dans le ciel au fur et à mesure de son approche. La bombe explosa à une altitude de six cents mètres, à la verticale d'un hôpital civil. La lumière d'une incroyable intensité, blanc presque bleuâtre, aveugla les habitants de la ville. Et les sirènes se turent.

La fission de l'uranium provoqua une bulle de gaz instantanée et un puissant rayonnement thermique, accompagné de températures s'élevant brièvement à quatre mille degrés. Une tempête de feu s'abattit sur Hiroshima et brûla tout sur son passage.

Caroline s'embrasa instantanément, son kimono et ses cheveux se transformèrent en torche humaine, sa peau fondit, son sang bouillit. Dans la foulée, l'onde de choc balaya les maisons de bois et de papier, les arbres, les gens carbonisés et tout ce qui avait éventuellement pu survivre à la chaleur.

Tanja eut la sensation de flotter dans l'air, son corps brûlait lui aussi, mais son esprit s'était transposé dans le cockpit du bombardier.

Enola Gay avait fait demi-tour. Son pilote aperçut

le large nuage en forme de champignon qui s'élevait au-dessus de la cible. Il constata que là où se trouvait avant une ville il n'y avait plus qu'un bouillonnement noir de débris. À la droite du pilote, son copilote murmura : « Mon Dieu, qu'avons-nous fait ? »

Tanja se réveilla en sursaut. Le soleil filtrait à travers les persiennes du faré. Les rayons baignaient la tête du lit. Elle transpirait, il faisait déjà chaud.

Les événements des deux derniers jours se mélangeaient dans son esprit. La mort de Caroline, sa blessure au bras. L'assassinat du docteur Temauri. Les récits de guerre du major Lettermann, la mission secrète de l'*USS Indianapolis*, la bombe atomique de Hiroshima. L'affaire du *Rainbow Warrior*, les essais nucléaires français dans le Pacifique et l'arrivée imminente du président Macron en Polynésie.

Tanja se frotta les yeux, se tourna vers la table de nuit et prit son téléphone. Il était presque 8 heures. Au milieu de la nuit, Flavie lui avait envoyé un message avec un cœur en émoticône : « Coucou, amour, rappelle-moi dès que possible, ça concerne les empreintes. »

31

Tanja prit une douche et enfila son paréo. Sa mère et son fils étaient déjà réveillés. Loran jouait avec une petite voiture. Tanja le prit dans ses bras et l'embrassa.

« Bonjour, maman.

— Bonjour, ma fille. Bien dormi ?

— J'ai fait des cauchemars.

— À cause du type d'hier soir ?

— Je vais régler ça aujourd'hui.

— Tu iras le voir ?

— C'est dans mes intentions. »

Tanja prit un quartier de mangue fraîchement coupée et le coinça entre ses lèvres. Par jeu, elle le partagea avec Loran. L'enfant mordit dedans et du jus coula sur son menton. Il se mit à rire, Tanja aussi. Puis elle déposa son fils à ses pieds : « Il faut que je passe un coup de fil. »

Tanja sortit sur la terrasse du faré et appela Flavie. La greffière décrocha après quelques sonneries.

« Salut, ma belle, dit Tanja. Tu as les infos sur les empreintes que je t'ai envoyées ?

— Oui, répondit Flavie. Garcia m'a donné la

réponse tout à l'heure. C'est négatif. Aucun hit dans la base de données AFIS. *Idem* dans l'espace Schengen.

— Merde. »

Tanja laissa planer un bref silence, interrompu par l'arrivée de Loran sur la terrasse du faré. « *Nënë !* » s'exclama son fils en montrant fièrement sa petite voiture. Elle lui fit signe de se taire en posant un index sur ses lèvres. L'enfant repartit déçu.

« C'est qui ? demanda Flavie.

— C'est rien, répondit Tanja. Un gamin qui passe à côté de moi. Je suis dans un café. »

Elle eut honte de son mensonge, mais elle ne pouvait pas dire la vérité à Flavie. La greffière était persuadée que Loran et Erina étaient morts, et que Tanja était sur les traces du meurtrier. Un assassin imaginaire.

« Écoute, ma belle, reprit l'ex-inspectrice, j'ai une autre piste, mais je te demande la plus grande discrétion.

— Tu sais que tu peux compter sur moi, mon amour.

— Ce couple Bernheim voyage probablement sous une fausse identité. J'ai découvert qu'ils s'exprimaient avec un accent balkanique. Ils pourraient en réalité être albanais ou kosovars. Penses-tu que tu pourrais demander un service à Jemsen ?

— Dis toujours.

— Nous savons, toi et moi, qu'il était en mission au Kosovo avant d'occuper son poste de procureur. Tu sais comment ça se passe, dans ce genre de pays. On fait copain-copain et on s'entraide sans trop de formalisme. Est-ce que Jemsen pourrait activer informellement l'agent de liaison des Balkans et lui demander de comparer ces empreintes avec les fichiers des pays concernés ?

— Lesquels ?

— Albanie, Kosovo, Bosnie et Macédoine.

— Je vais essayer, répondit la greffière. Mais en échange, mon amour, c'est à mon tour de te demander un service. »

Tanja écouta le récit de Flavie. Elle trouva un bloc de papier et prit quelques notes.

Jemsen et Garcia enquêtaient sur une affaire d'assassinats, les victimes étaient des jeunes filles prénommées Greta, pulvérisées à l'arme lourde. Un bébé à l'hôpital Pourtalès de Neuchâtel, une enfant gare de Lyon à Paris et une basketteuse à Nyon. Le nom du tueur était connu, il s'appelait Matthias Hodler. Et pourtant, la police ne parvenait pas à mettre la main sur lui. Sa prochaine cible s'appelait Greta Chapuis, une étudiante de l'université de Neuchâtel qui habitait Moutier, et qui était passionnée de droit et d'équitation. Elle était en contact avec Hodler sur un site de rencontre, mais les enquêteurs se heurtaient au mur du darknet. C'est là que les compétences spéciales de l'ex-inspectrice fédérale entraient en jeu.

Tanja répondit à Flavie qu'elle allait voir ce qu'elle pouvait faire, puis elle raccrocha.

Tanja, sa mère et son fils prirent le petit déjeuner sur la terrasse du faré, puis Erina emmena Loran à la plage.

Tanja regarda sa montre. Anui habitait juste en

face de Piti A'au, à Anau. Elle était bien décidée à lui rendre visite, mais elle avait encore un peu de temps devant elle.

Tanja prit son ordinateur sur la terrasse et se logua sur Internet. Elle fit quelques recherches sur l'affaire dont lui avait parlé Flavie, tomba sur des articles de presse suisses et français. Le nom de Matthias Hodler n'apparaissait nulle part. Elle lut aussi d'autres articles suisses qui faisaient état d'une enquête disciplinaire ouverte contre le procureur Jemsen. On reprochait au magistrat d'avoir fait libérer une activiste climatique qui s'était révélée être sa maîtresse.

Sur la page d'un média romand, l'algorithme de Google rappela à Tanja ses précédentes recherches sur l'affaire du *Rainbow Warrior*. Il était question de l'arrestation des faux époux Turenge et de leur procès. Tanja décida de surseoir un instant au service que lui avait demandé Flavie et cliqua sur le lien proposé.

32

Le port d'Auckland était devenu le théâtre d'une tragédie. Au milieu de la nuit, les gyrophares illuminaient la rade. Les ambulances et les véhicules des pompiers se faufilaient entre les badauds que la police tentait de disperser. Depuis le quai, tous regardaient, incrédules, l'épave du *Rainbow Warrior* qui gisait quelques mètres plus bas, à moitié immergée, à moitié sur le flanc.

La direction de l'enquête avait été confiée au chef de la police criminelle, Alan Galbraith. Sur le quai, ses hommes interrogeaient déjà les militants de Greenpeace, encore sous le choc. Le photographe Fernando Pereira manquait à l'appel, l'inquiétude se lisait sur les visages.

Les membres de l'équipage se demandaient ce qui s'était passé dans la salle des machines. Les questions tournaient en boucle dans les esprits : *Qu'est-ce qui a explosé ? Qu'est-ce qui a brûlé ? Qu'avons-nous oublié ?* Ces mêmes questions sortaient de la bouche des policiers. Avec leur dégaine de hippies, les membres de l'équipage étaient les premiers suspects.

Des plongeurs œuvraient sous la coque du bateau.

L'un d'eux émergea et cria à Galbraith qu'avec la nuit et les remous provoqués par le naufrage on n'y voyait rien.

« Il y a encore un homme à nous là-dessous, intervint énergiquement le capitaine Willcox.

— Nous faisons tout ce que nous pouvons, répondit le chef de la police.

Mais vous nous accusez déjà ! »

Galbraith tentait de garder son calme.

« Nous devons examiner toutes les hypothèses.

— Il y a eu deux explosions ! s'énerva Willcox. Deux ! Je vous le dis depuis le début : c'est un attentat !

— Vous avez des preuves ? »

Au petit matin, les plongeurs réussirent à extraire de l'épave le corps de Fernando Pereira. On remonta sa dépouille à quai et on la recouvrit d'un drap. Un silence pesant régnait parmi les militants encore présents sur les lieux, certains peinaient à retenir leurs larmes.

Un plongeur s'approcha de Galbraith, lui dit que la visibilité s'était améliorée et que la coque du bateau présentait deux grands trous, un à l'avant et l'autre à l'arrière, avec les parois repliées vers l'intérieur.

« La voilà, votre preuve ! dit Willcox au chef de la police. Maintenant, vous avez un meurtre sur les bras. »

Galbraith soupira. Le Premier ministre l'avait déjà contacté durant la nuit et attendait son appel sur les premières conclusions de l'enquête. Galbraith regarda le capitaine du *Rainbow Warrior* et répondit : « Laissez-moi faire mon boulot. »

En moins de vingt-quatre heures, les investigations progressèrent très rapidement.

Les vigiles d'un yacht-club situé dans une petite marina, à l'extrémité du port, signalèrent à la police que, la veille au soir, ils avaient été témoins d'un curieux manège nocturne. À bord d'un van Toyota, deux personnes avaient récupéré le pilote d'un Zodiac. L'embarcation avait été abandonnée au pied d'une digue de rochers. Les vigiles avaient relevé l'immatriculation du van.

Dans les bureaux de la police criminelle, Galbraith prit un café et demanda à l'un de ses hommes :

« L'immatriculation a donné quelque chose ?

— Oui, elle correspond à un véhicule de location de chez Newmans. Ce van a été loué à l'aéroport d'Auckland par un couple de touristes suisses, qui devraient le rendre demain.

— Comment s'appellent-ils ?

— Sophie et Alain Turenge.

— Et le Zodiac ?

— On l'a récupéré. Il est de marque française. Notre service forensique travaille dessus. Mais ça ne va pas être facile, car l'eau est assassine avec les empreintes digitales. »

Le 12 juillet 1985 à 9 heures du matin, les faux époux Turenge furent interpellés à l'aéroport, au moment où ils restituaient le van chez Newmans. Ils furent conduits dans les bureaux de la police néo-zélandaise et interrogés séparément. Leurs réponses contradictoires convainquirent les enquêteurs de les garder sous la main encore quelques jours, même si les preuves formelles manquaient encore pour les arrêter.

Les Turenge furent assignés à résidence dans un hôtel de la ville. Et ils commirent alors l'erreur de passer un appel téléphonique international à un numéro de secours de la DGSE, menant à une ligne du ministère de la Défense à Paris. Cet appel téléphonique n'échappa pas à Galbraith. Le numéro correspondait à celui qu'une personne suspecte avait appelé depuis les bureaux de Greenpeace à Auckland. Une certaine Frédérique Bonlieu, prétendue rédactrice en chef d'une revue touristique.

Le 14 juillet, Galbraith reçut deux télex. Le premier, de Berne, l'informait que les passeports suisses des Turenge étaient faux. Le second, de Londres, que le Zodiac retrouvé dans la marina avait été acquis en Angleterre par l'équipage d'un voilier français, l'*Ouvéa*.

À partir de ces éléments, l'enquête rebondit de surprise en surprise. Grâce à une technologie toute récente, les empreintes digitales des faux époux Turenge furent retrouvées sur le Zodiac. Ils furent arrêtés, puis formellement identifiés comme étant des agents des services secrets français. Alain Mafart et Dominique Prieur furent inculpés pour meurtre, incendie volontaire et association de malfaiteurs.

Le 26 juillet, la justice néo-zélandaise lança des mandats d'arrêt internationaux contre l'agente de la DGSE Christine Cabon et contre les membres de l'équipage du voilier *Ouvéa*.

Un scandale international éclata. En première

ligne, la violation de la souveraineté territoriale de la Nouvelle-Zélande par la France. Durant près de deux mois, le gouvernement français tenta maladroitement de nier son implication dans l'affaire du *Rainbow Warrior*, alors que les preuves s'accumulaient.

Le jour où Mafart et Prieur furent conduits à la prison d'Auckland dans l'attente de leur procès, Orion téléphona à Paris et proposa un plan pour les faire évader. La seule réponse qu'Orion reçut de sa hiérarchie fut : « On ne peut plus rien faire pour eux, ils doivent affronter leur destin. »

La réponse était claire. Le gouvernement avait décidé de lâcher ses agents. Orion considéra cette prise de position comme un acte de haute trahison. Et ce ne fut pas le dernier de cette affaire.

33

La suite de l'article mentionnait les conséquences médiatiques et politiques de l'affaire du *Rainbow Warrior*, et le procès des faux époux Turenge. Tanja referma le lien et regarda sa montre. Il était 10 heures du matin, 22 heures en Suisse. Avec un peu de chance, le tueur dont lui avait parlé Flavie était en ligne. Grâce à l'adresse mail et au mot de passe que la greffière lui avait donnés, Tanja se logua sur le site de rencontre avec le compte de Greta Chapuis, l'étudiante de Moutier.

Matthias Hodler utilisait un pseudo, Lovenature, mais son profil était inactif. Tanja lui écrivit quand même un message.

« Bonjour, désolée de ne pas avoir répondu plus tôt à vos messages. Je préparais mes examens de droit. Pffff… pas les plus faciles. Droit constitutionnel et droit administratif. Vous devez connaître, vu vos messages. Heureusement, c'est maintenant derrière moi et je vais enfin pouvoir me consacrer un peu plus à Chrysomallos. Vous connaissez ? La quête de Jason, la Toison d'or. Chrysomallos était un bélier. Pas courant de donner le nom d'un bélier à un cheval, non ? C'est parce que je suis jurassienne dans l'âme. »

Tanja termina son message par un smiley et l'envoya. L'hameçon était lancé, il suffisait maintenant d'attendre que le requin morde.

Elle se servit un verre de jus de coco frais et le but en laissant son regard se perdre sur les pans verdoyants du mont Otemanu. Le sommet était auréolé d'une brume étrangement rosée.

Tanja pensait à Flavie, à la première fois qu'elle l'avait embrassée furtivement dans une chambre de l'hôpital Pourtalès alors qu'elle ne la connaissait même pas, à leur première étreinte amoureuse dans une chambre de l'hôtel Beaulac à Neuchâtel, à la relation chaotique qui avait suivi.

La vie de Tanja était bâtie sur le mensonge. Le mensonge induit par son ancien travail, par ses fausses identités d'agente infiltrée, ses « légendes », comme on disait dans le jargon de l'investigation secrète. Surtout celle d'Alba Dervishaj. Le rôle de la prostituée lui collait à la peau et noircissait son âme.

Tanja avait aussi menti au père de Loran, elle lui avait caché sa grossesse. Elle avait menti à ses collègues, même aux plus proches comme le commissaire Garcia et le procureur Jemsen. Et aussi à Flavie.

Au milieu de tous ces mensonges, il arrivait à Tanja de se mentir à elle-même. À force, elle ne s'en rendait plus vraiment compte. Tanja aimait Flavie, mais elle était trop fière pour l'admettre. Et les circonstances actuelles laissaient peu de place aux sentiments. Elle préférait conserver une certaine distance, peut-être pour protéger Flavie. Et se protéger, elle aussi.

Tanja pensa à Judith. L'attirance qu'elle avait

ressentie pour la belle sexagénaire la perturbait. Elle était partagée entre un sentiment de trahison envers Flavie et un élan d'égoïsme. Un trait de sa personnalité dont elle avait conscience et qui la rebutait, mais contre lequel elle ne parvenait pas à lutter. Sa mère le lui avait déjà dit plusieurs fois : elle était égoïste. Et chaque fois, ça lui avait fait l'effet d'un coup de poignard dans le cœur.

Tanja pensa enfin à Caroline. Cette pensée la ramena à l'instant présent, à cette enquête privée dans laquelle elle s'était lancée tête baissée, sans véritable raison. Par instinct de flic.

Tanja prit la direction de la plage, entre les rangées de frangipaniers et de tiarés. Elle eut l'impression de revivre la même scène que l'avant-veille. Au pied des cocotiers, les crabes fuyaient et se cachaient dans le sable à son approche. Sur la plage, les serviettes de bain de sa mère et de son fils étaient posées sur le sable blanc. Mais Erina et Loran n'étaient pas là.

Tanja les chercha sur la plage. Elle remonta le long du petit ruisseau jusqu'à la vasque naturelle, où aboutissait le conduit souterrain du petit chenal. Elle traversa à l'endroit où elle avait découvert le corps de Caroline et regarda le long du rivage. Erina et Loran n'étaient pas là.

Tanja les appela, seuls des cris d'oiseaux et le bruissement d'un léger vent du large lui répondirent. Elle revint au faré et les appela encore, sans succès. Tanja sentait l'angoisse monter en elle, une boule se former dans sa poitrine. Elle retourna sur la plage et s'approcha des serviettes de bain. Sur l'une d'elles, elle découvrit un petit bout de papier, coincé sous un coquillage.

«On vous contactera. Surtout, ne prévenez pas la police!»

34

S'il y avait une chose à laquelle il ne fallait surtout pas toucher, c'était à la famille de Tanja. Les personnes qui s'y étaient risquées par le passé en avaient fait les frais.

L'ex-inspectrice courut vers le faré, prit son téléphone et son pistolet dans la commode, vérifia rapidement le chargeur. Il était plein, une balle engagée dans le canon. Elle mit les deux objets dans son sac étanche, prit la clé du jet-ski et retourna sur la plage.

Quand elle traversa le lagon en ligne droite, direction Anau, elle ne vit même pas le salut amical du pilote d'une grosse barge qui transportait des machines de chantier. L'esprit de Tanja était déjà focalisé sur sa cible : Anui.

Anau était un petit village, situé au sud du centre d'enfouissement technique des déchets, là où on avait retrouvé le corps du docteur Temauri. Une centaine de maisons assez précaires, une église protestante au toit rouge vif au milieu d'un terrain de terre battue de même couleur, une pelouse mal entretenue au bord de l'eau, et des gamins qui jouaient au foot.

Tanja abandonna le jet-ski sur une petite plage jouxtant le terrain de foot. Elle passa son paréo, se dirigea vers les jeunes et leur demanda où habitait Anui. Ils le lui expliquèrent avec de grands sourires, sans poser de questions, et retournèrent à leur match.

Tanja suivit leurs indications et marcha vers le centre de la petite bourgade. Elle traversa la route périphérique de l'île et longea un chemin de terre qui grimpait en direction de la forêt. Le quartier ressemblait plus à une favela brésilienne qu'aux complexes de luxe qui faisaient la réputation de Bora-Bora. Les maisons en bois et en tôle ne résisteraient jamais au prochain cyclone. Elles donnaient l'impression de ne tenir que par la force du hasard. Les terrains aux alentours étaient arides et parsemés de détritus. Une odeur âcre flottait dans l'air.

Anui habitait la dernière maison avant la forêt, la plus pauvre de toutes à en juger par le délabrement de la construction bancale. Devant le panneau en bois vermoulu qui servait de porte, il y avait un vieux *tiki*.

Tanja passa à côté de la petite statue et frappa contre la porte. Elle n'obtint aucune réponse. Elle regarda autour d'elle, il n'y avait personne. Sans hésiter, elle saisit une vieille anse rouillée qui servait de poignée, il n'y avait aucun verrou, la porte s'ouvrit en grinçant. Une odeur nauséabonde s'échappait de la pénombre.

« Il y a quelqu'un ? » appela Tanja.

Elle n'obtint aucune réponse.

« Anui ? » insista-t-elle.

Silence.

Tanja regarda une nouvelle fois autour d'elle et

s'assura que personne ne l'observait. Elle sortit le pistolet de son sac et entra.

L'endroit sentait la mort. Sur un plancher de fortune, de vieux tapis moisis. Au pied d'une télé à l'écran cassé, posée à même le sol, des restes de nourriture et un gros rat crevé. Tanja plongea son nez dans le creux de son coude pour tenter de filtrer la puanteur. Elle inspecta rapidement le reste. Il y avait des amoncellements de vaisselle dans une bassine en plastique remplie d'eau sale. Un tuyau descendait directement du toit et servait à récupérer l'eau de pluie. On était en avril, la saison des pluies touchait à sa fin.

Tanja entendit un bruit, comme un frottement dans son dos. Elle se retourna et braqua son arme vers un cadre de porte qui donnait dans une pièce voisine. Elle s'avança lentement, pas à pas, vers l'ouverture. L'autre pièce était encore plus sombre que la première.

Le bruit se répéta, suivi d'une sorte de râle, un son guttural sorti du néant.

« Anui ? » répéta Tanja.

Il y eut de nouveau un long silence, puis une voix très faible, féminine, demanda :

« Faeta, c'est toi ? »

Tanja s'immobilisa. La voix reprit, comme une supplique :

« Faeta, aide-moi… »

Pistolet braqué, Tanja s'avança vers le cadre de la porte. La pièce voisine n'avait aucune ouverture sur l'extérieur. Si elle avait eu des fenêtres par le passé, celles-ci avaient dû être condamnées. Tanja attendit que sa vue s'habitue à l'obscurité.

Peu à peu, un tableau se dessina. Une vieille femme était couchée sur le dos, sur un matelas déchiré posé à même le sol. Elle avait les yeux grands ouverts, des yeux tout blancs qui luisaient dans la pénombre comme deux billes de porcelaine, sans iris ni pupilles.

La vieille femme n'avait pas dû voir la lumière du jour depuis longtemps, sa peau était laiteuse, presque grise. Elle fixait Tanja et, pourtant, elle ne la voyait pas. La vieille était aveugle. Le matelas était complètement souillé, elle baignait dans ses excréments et son urine.

35

Tanja baissa son arme et s'avança dans la pièce lugubre. Le plancher grinça. Tanja s'arrêta. La vieille femme se figea, sans détourner ses yeux blancs de l'axe de la porte, et répéta :

« Faeta, c'est toi ?

— Non, répondit Tanja. Je ne suis pas Faeta. Vous ne me connaissez pas. Je cherche votre fils Anui.

— Faeta ?

— Non, Anui, votre fils. Qui est Faeta ? »

La vieille laissa planer un bref silence, comme si elle ne comprenait pas la question, puis elle finit par répondre :

« Faeta est Anui, Anui est Faeta. C'est mon fils. Il ne veut plus que je l'appelle Anui.

— Pourquoi ?

— Parce qu'il est devenu un grand guerrier, comme Faeta. »

La vieille raconta alors à Tanja que Faeta avait été, à son époque, un des plus grands *aito* – guerriers – de Bora-Bora. Depuis sa base d'Anau, il avait défendu la perle du Pacifique contre les invasions d'armées venues d'autres îles lointaines, réparti ses hommes sur les motus, la grande terre et le lagon, pour défendre la passe de Tevanui avec des pirogues. Et il avait utilisé des cloches pour coordonner la résistance. L'ennemi avait été repoussé et Faeta avait reçu du roi la plus haute distinction jamais offerte à un *aito* : un *maro'ura*, une ceinture royale ornée de plumes rouges.

« Faeta mesurait au moins deux mètres cinquante, dit la vieille. Il était courageux, intelligent, mais très peu sociable. Comme mon Anui. Il avait une arme unique, avec laquelle il fracassait la tête de ses adversaires. Les crânes se fendaient, la cervelle en sortait et, une fois ses ennemis à terre, Faeta les décapitait et mettait leur tête dans un petit panier rond pour décorer son *marae*.

— Charmant, répondit Tanja. Mais pourquoi votre fils revendique-t-il le nom de ce grand guerrier ?

— Parce qu'il se bat comme Faeta. Il se bat pour sa famille et pour que justice soit faite. Il se bat pour la mémoire de son père. Il se bat pour me protéger et pour se protéger lui-même du mal qui s'est abattu sur notre famille.

— Quel mal ?

— La lune noire. »

Tanja ne comprenait pas de quoi la vieille femme lui parlait. Elle aurait voulu la presser de questions, lui faire dire où étaient sa mère et son fils, elle devenait impatiente. Et pourtant, une petite voix lui murmurait de garder son calme, de ne pas brusquer la mère d'Anui. Il fallait qu'elle mette la main sur cet improbable guerrier.

« La lune noire ? Qu'est-ce que c'est ?

— C'est elle qui a assassiné mon mari, qui a pris mes yeux et qui a mutilé mon fils.

— Une femme ?

— Non, soupira la vieille. C'est une lune, une pleine lune. Ronde comme un disque, froide comme la mort et toute noire. Quand vous la regardez ou quand vous la touchez, elle aspire votre vitalité. Elle prend son temps, elle est sadique, elle aime vous faire souffrir. Jusqu'à ce que la douleur devienne insupportable et que votre cœur lâche.

— C'est ce qui est arrivé à votre mari ?

— Oui. Et c'est aussi ce qui serait arrivé à mon fils et à moi si Faeta n'avait pas trouvé de l'argent, beaucoup d'argent, pour nous guérir de l'emprise de la lune noire.

— Anui a trouvé de l'argent ?

— Beaucoup d'argent. Il m'a dit qu'il y en aurait assez pour que lui et moi puissions être pris en charge à l'hôpital de Papeete. Et même peut-être dans une clinique spécialisée en Europe.

— De quoi souffrez-vous exactement, votre fils et vous, madame Tetuanui ?

— De ce que vous, les Européens – parce que je devine à votre accent que vous n'êtes pas d'ici, sourit tristement la vieille –, vous appelez le « crabe ». Mais nous, ici au *Fenua*, ou au pays si vous préférez, nous respectons les *tupa*. Ce sont des êtres vivants qui n'ont aucun lien avec la mort. Nous préférons appeler ce mal par son vrai nom : le cancer.

— Combien d'argent Anui a-t-il trouvé ?

— Je l'ignore. Mais beaucoup, une montagne d'argent d'après ce que Faeta m'a dit. La médecine traditionnelle est faite pour les riches. Les pauvres n'ont que leurs dieux et la nature pour leur venir en aide.

— Comment votre fils a-t-il trouvé cet argent ? »

La vieille ricana.

« Certainement pas auprès de l'État, la France ne nous a jamais aidés. Quand il a commencé à se battre, des années après la mort de son père, Faeta a intenté un procès à l'État français. Nos maigres économies se sont volatilisées dans ce combat inutile. Un pauvre particulier n'a aucune chance contre un monstre comme l'État. La France nous a toujours considérés comme des moins que rien, elle nous a abandonnés à notre sort. Au sort de la lune noire. »

36

La France avait aussi abandonné ses agents Alain Mafart et Dominique Prieur à leur sort. Les faux époux Turenge allaient être escortés de la prison d'Auckland au tribunal pour le premier jour de leur procès. On était le 4 novembre 1985, près de quatre mois après l'attentat.

Le chef de la police criminelle Alan Galbraith monta dans le fourgon cellulaire de Mafart et s'assit à côté du détenu. Au cours de l'enquête, les deux hommes avaient toujours eu des échanges courtois, mais assez tendus. Au fond de lui, Galbraith supportait mal le détachement avec lequel le commandant de la DGSE lui avait toujours répondu. Une forme d'arrogance, à ses yeux.

« Je ne suis pas votre avocat, commandant Mafart, mais si vous voulez un conseil, au vu des circonstances, il serait préférable de faire profil bas devant la cour.

— Je n'ai fait que défendre mon pays.

— Au point de commettre un meurtre ?

— La mort de Fernando Pereira était accidentelle. »

Galbraith soupira.

« Qui vous croira ? Vous auriez pu éviter ce drame. Un simple coup de téléphone anonyme, une alerte à la bombe, et le navire aurait été évacué avant les explosions. Or vous n'en avez rien fait. Une dizaine de personnes auraient pu mourir cette nuit-là.

— Dans mon pays, répondit Mafart, nous avons une expression pour ce genre de situation : la "raison d'État". Parfois, pour protéger l'État, un agent doit faire ce qui est nécessaire. »

Le chef de la police était désespéré par tant de désinvolture.

« Eh bien, commandant, dans mon pays, nous avons aussi une phrase pour ce genre de situation : "*your goose is cooked*". Je crois qu'on peut la traduire en français par "les carottes sont cuites". Je vous souhaite bonne chance. »

Dans les deux mois qui avaient suivi l'arrestation des faux époux Turenge, le gouvernement français avait tenté de dissimuler la vérité en manipulant les médias et en multipliant les écrans de fumée. On avait accusé les services secrets russes, des militants d'extrême droite, des barbouzes calédoniennes et même Greenpeace d'avoir simulé un attentat pour attirer les projecteurs du monde entier sur son combat écologique.

Mais la ténacité des journalistes avait eu raison de toutes ces *fake news* et provoqué des dissensions au sein même du gouvernement français. D'un côté, le ministre de la Défense Charles Hernu niait toute implication de l'État dans l'attentat. De l'autre, son adversaire politique Pierre Joxe, ministre de l'Intérieur, avait ordonné une enquête de police et organisé des fuites dans la presse. Ces informations avaient permis aux Néo-Zélandais de progresser très rapidement dans leurs investigations.

Le président François Mitterrand avait lui-même commandé un rapport à son conseiller Bernard Tricot. Dans un premier temps, ce rapport avait blanchi la DGSE, ce qui avait suscité des doutes chez le Premier ministre Laurent Fabius. Quelques jours plus tard, un article du quotidien *Le Monde* avait révélé qu'en plus des faux époux Turenge et des hommes de l'*Ouvéa* une troisième équipe avait œuvré dans l'opération : celle des nageurs de combat.

Le 20 septembre 1985, Charles Hernu avait démissionné, et l'amiral Pierre Lacoste, patron de la DGSE, avait été limogé. Deux jours plus tard, Laurent Fabius avait annoncé à la télévision française que les services secrets français avaient bel et bien coulé le *Rainbow Warrior*, et qu'ils avaient agi sur ordre.

Au dix-neuvième jour du procès, le 22 novembre 1985, le commandant Alain Mafart et la capitaine Dominique Prieur écoutèrent sans sourciller le président de la cour d'Auckland prononcer le verdict. En dépit de la protestation de leur avocat, le procès avait été filmé.

« Ce fut une attaque délibérée et planifiée, un attentat terroriste. La sentence à prononcer doit être claire et constituer un sévère avertissement. Toute personne qui entre dans ce pays pour y commettre un acte terroriste ne peut s'attendre à retourner chez elle en héros, après avoir passé des vacances aux frais de l'État.

C'est pourquoi, compte tenu de toutes les circonstances de cette délicate affaire, la cour vous reconnaît tous les deux coupables d'homicide et de destruction de biens, et vous condamne à une peine de dix ans d'emprisonnement. »

37

La mère d'Anui n'avait que partiellement raison. On pouvait gagner contre l'État, à condition que les rapports de force soient un tant soit peu équilibrés. À n'en pas douter, un simple citoyen français ne faisait pas le poids, *a fortiori* s'il vivait sur un territoire d'outre-mer à plus de quinze mille kilomètres de Paris.

« Où votre fils a-t-il trouvé cet argent ? insista Tanja. Dans le trafic de perles ? ou le trafic de tortues ? »

La vieille femme sourit tristement, bouche grande ouverte. Les quelques dents qui lui restaient étaient grises comme sa peau. Seuls ses yeux de porcelaine luisaient dans la pénombre.

« Comment voudriez-vous que Faeta pêche des perles ou des tortues avec son handicap ?

— La drogue, alors ?

— Faeta ne se drogue pas.

— Ça ne l'empêcherait pas d'en vendre.

— Faeta ne vend pas de drogue. »

Tanja garda son calme, même si le besoin de savoir bouillonnait en elle. Elle décida de lui révéler une partie de la vérité.

« Madame Tetuanui, ces dernières quarante-huit

heures, deux personnes ont été assassinées sur l'île. Et deux autres ont disparu, ma mère et mon fils de deux ans. Tout porte à croire que ces événements sont liés à l'argent que votre fils a trouvé. Je dois savoir comment, vous devez tout me dire. Je ne suis pas de la police et je ne dirai rien à la police. »

La vieille avait cessé de sourire, son visage était devenu grave.

« Je sais que vous n'êtes pas de la police. Votre accent, votre sincérité, le son de votre voix. Je connais tous les gendarmes de Vaitape. Ils ont toujours été gentils avec moi, même s'ils restent des agents à la solde de l'État. Le major, lui, je l'aime bien. Il a toujours été bienveillant avec Faeta. Peut-être un peu trop.

— Que voulez-vous dire ?

— Faeta aurait parfois eu besoin d'un père pour le guider dans la vie. Mais jamais mon fils n'aurait pu commettre un meurtre ou enlever un enfant. Faeta est un bon garçon. Et là, il a enfin trouvé le bon chemin, il a remporté une grande victoire, il nous a débarrassés de cette maudite lune noire et il va nous sauver. »

Tanja soupira.

« Excusez-moi d'insister, madame Tetuanui, mais l'argent, d'où vient-il ?

— De la lune noire. Faeta m'a dit que deux *tupapau* l'avaient emmené dans les ténèbres et qu'en échange ils lui avaient promis… »

La vieille ne put terminer sa phrase. Il y eut un bruit sourd dans le dos de Tanja, un petit claquement avec un léger sifflement simultané. La balle atteignit la vieille en plein visage, traversa son crâne et emporta la moitié de sa cervelle, qui éclaboussa le mur derrière elle.

Tanja se retourna d'un bond et pointa son arme vers l'encadrement de la porte. Il y eut un second tir, la balle s'incrusta dans le plancher moisi, aux pieds de Tanja. Elle s'immobilisa, le doigt sur la détente.

Deux silhouettes en ombres chinoises lui faisaient face. Malgré l'obscurité, Tanja devinait les bouches de deux gros silencieux braqués sur elle. Elle comprit que le second tir était un avertissement et que, si elle ripostait, elle n'aurait pas le temps d'éliminer la double menace.

« *Por mesazhi ishte i qartë*, dit une voix masculine. *Ne do t'j' kontaktojmë.* »

L'homme s'exprimait dans un albanais parfait, sans accent : « Le message était pourtant clair. On vous contactera. »

À côté de lui, la seconde silhouette était plus svelte, des épaules étroites, des hanches larges, une poitrine apparente. Tanja comprit qui étaient ces tueurs : les faux époux Bernheim.

« Comment savez-vous que je parle albanais ? demanda-t-elle sans baisser son arme.

— *Nëna jote*, répondit la femme. Votre mère.

— Où sont ma mère et mon fils ?

— En sécurité, dit l'homme. Et ils le resteront, à condition que vous ne fassiez pas de vagues. Demain soir, tout sera terminé et ils vous seront rendus sains et saufs. D'ici là, retournez chez vous et n'en bougez plus. Comme déjà dit, on vous contactera. »

Tanja indiqua d'un geste du menton la vieille femme sans vie, étendue sur le lit.

« Pourquoi elle ?
— Elle en savait trop.
— Et Anui ?
— Son sort ne vous concerne pas. »
Les Bernheim reculèrent sans cesser de pointer leurs silencieux sur Tanja. Quand ils disparurent de son champ de vision, elle baissa son arme et regarda la malheureuse derrière elle. Une auréole de sang grandissait autour de sa tête, sur le matelas déjà souillé par les excréments et l'urine.

Les images et les informations s'entrechoquaient et se mélangeaient dans l'esprit de Tanja. Le corps de Caroline dévoré par un requin, sa coupure au bras gauche. Les photos de l'assassinat du docteur Temauri, son cœur arraché et déposé sur son abdomen. Le faux rapport d'autopsie ou les mensonges du major Lettermann, son empressement à classer l'affaire. Le comportement étrange d'Anui, sa visite au faré de Piti A'au et ses menaces à peine voilées. Les dernières paroles de la vieille femme, son délire sur cette mystérieuse lune noire.

Tanja devenait nerveuse. Elle tournait dans la pièce comme un lion en cage. Elle regardait le cadavre, la porte de la chambre, et le cadavre à nouveau. Les Bernheim ne reculaient devant rien pour protéger leur plan. Quelque chose de grave se préparait et Anui était impliqué. Les Bernheim n'avaient pas hésité à éliminer la mère d'Anui, parce qu'elle en savait trop. Ils n'hésiteraient pas non plus à faire de même avec le Polynésien, quand il leur serait devenu inutile. Ces gens étaient des professionnels, ils ne laisseraient aucune trace derrière eux. Pourquoi lui rendraient-ils Erina et Loran ?

Tanja se rendit compte qu'elle venait peut-être de laisser passer sa seule chance de retrouver sa mère et son fils en vie. Elle sortit précipitamment de la maison des Tetuanui.

38

Quand Tanja déboula sur le chemin de terre entre les rangées de maisons délabrées, elle n'eut que le temps de voir un gros quad s'éloigner en direction du centre d'Anau. Elle se débarrassa de ses tongs et se mit à courir, pieds nus, pistolet au poing.

Au bas du chemin, Tanja vit le quad tourner à gauche sur la route périphérique de l'île et prendre la direction du nord. Quand elle parvint à l'intersection, l'engin était déjà loin. Elle était essoufflée, la chaleur l'accablait, ses pieds lui faisaient mal. Elle remarqua que l'un d'eux saignait, elle avait dû s'écorcher sur un caillou. Elle prit une grande inspiration et regarda rapidement autour d'elle.

Au sud de l'église, les jeunes jouaient toujours au football. Des vélos et des motos étaient garés au bord du terrain, le long d'un muret en béton. Tanja s'approcha des véhicules et constata que le vol n'était pas le premier souci des autochtones. Elle trouva rapidement une petite moto de cross avec la clé dessus.

Tanja enfourcha la moto, glissa le pistolet dans son sac étanche et démarra. Le bruit attira l'attention des jeunes, l'un d'eux cria, les autres s'arrêtèrent de jouer.

Quand le propriétaire de la moto courut en direction de la route, Tanja était déjà loin.

Après la sortie d'Anau, gaz à fond, tête baissée et corps recourbé pour éviter de donner prise à l'air, Tanja parcourut une longue ligne droite entre végétation et maisons isolées sur sa gauche, lagon sur sa droite. Elle évita de justesse quelques crabes égarés en plein jour au milieu de la chaussée.

Peu avant la baie de Vairou, elle aperçut le quad, à plusieurs centaines de mètres devant elle. L'engin des Bernheim était rapide, mais pas autant que le sien.

Au fond de la baie, il y avait de rares constructions, essentiellement des entrepôts au milieu de terrains en friche. Tanja vit le quad tourner à gauche et quitter la route principale en direction de la montagne. Elle l'imita.

Les deux véhicules suivirent un chemin de terre mal entretenu sur plusieurs centaines de mètres. La pente s'accentuait. Devant elle, Tanja voyait le quad grossir au fur et à mesure qu'elle s'en approchait.

Le chemin disparut peu à peu et laissa place à une vague piste caillouteuse et herbeuse, bordée de bananiers. Une voiture n'aurait pas pu aller plus loin. À partir d'une certaine altitude, la végétation avait repris ses droits et envahissait presque tout.

La piste abrupte serpentait maintenant dans la forêt. Par endroits, le quad patinait, puis repartait. Tanja s'en approcha encore. Elle n'était plus qu'à quelques dizaines de mètres de sa cible quand la passagère se retourna et la vit. La femme regarda de nouveau devant elle et fit comprendre au chauffeur qu'ils étaient suivis. Il accéléra.

Ce chemin était un des rares qui traversaient l'île de part en part. Il reliait la baie de Vairou à celle de Faanui, en franchissant une arête qui grimpait vers le sommet du mont Otemanu. Au niveau du col, la vue donnait sur chaque côté de l'île, Piti A'au à l'est, le motu Tevairoa et la passe de Tevanui à l'ouest.

Au passage de l'arête, le quad des Bernheim s'arrêta. La femme se retourna à nouveau, arme à la main, et visa la moto qui était encore dans la pente. Tanja devina les coups de feu, mais n'entendit aucune détonation. Une balle passa tout près de sa tête, elle sentit le souffle.

Soudain, le pneu avant de la moto éclata. Tanja perdit le contrôle de l'engin et chuta lourdement. Elle s'érafla les mains, les bras, les pieds et les jambes dans la caillasse à moitié recouverte de verdure. Sa tête heurta violemment le sol, sa vision se troubla.

Quand elle reprit ses esprits, Tanja était couchée sur le ventre, un pied nu à moitié coincé sous la moto. Elle avait mal partout, mais l'envie de retrouver sa mère et son fils était plus forte que tout, comme une piqûre d'adrénaline qui annihilait la douleur.

Tanja se redressa, chercha son équilibre dans la pente. Tremblante, elle dégagea le sac étanche de ses épaules et y plongea sa main droite pour chercher son pistolet. Elle sortit l'arme et la dirigea nerveusement vers les Bernheim, mais elle n'eut pas le temps de tirer. Une balle l'atteignit au flanc droit. L'impact la tétanisa et elle tomba à la renverse.

Nouveau choc, nouveau voile devant les yeux. Le décor se mit à tourner. Le vert du paysage se confondait avec le bleu du ciel, le soleil à la verticale l'éblouissait. Dans le lointain, elle entendit vaguement le moteur du quad redémarrer et s'éloigner.

Tanja sentait les forces l'abandonner. Elle utilisa le peu d'énergie qui lui restait pour fouiller à nouveau son sac étanche, trouva son téléphone et passa un bref appel. La dernière chose qu'elle entendit fut des sonneries dans le vide. Les dernières images qui hantèrent son esprit furent les visages de sa mère et de son fils, qui se dissipaient dans un brouillard imaginaire. Sa vision se troubla et elle perdit connaissance.

39

Orion avait planifié plusieurs scénarios pour faire évader les faux époux Turenge. Un premier avant leur procès, mais leur avocat, piloté par l'État français, y avait fait obstacle. Un second pendant l'exécution de leur peine, mais, en haut lieu, on s'y était de nouveau opposé.

La mort du photographe Fernando Pereira, que certains qualifiaient d'accident et d'autres de meurtre, était passée au second plan. L'attaque du *Rainbow Warrior* constituait avant tout une violation de la souveraineté territoriale néo-zélandaise par la France et entraîna de lourdes conséquences politiques et économiques.

Les deux pays demandèrent l'arbitrage du secrétaire général de l'ONU, Javier Pérez de Cuéllar, qui rendit une décision contraignante en juillet 1986. La France fut condamnée à présenter des excuses officielles à la Nouvelle-Zélande et à lui verser des dommages et intérêts à hauteur de sept millions de dollars.

En contrepartie, le commandant Alain Mafart et la capitaine Dominique Prieur furent remis aux autorités françaises. Orion fut chargé d'organiser leur transfert sur l'île d'Hao, en Polynésie. L'accord entre les deux pays prévoyait que Mafart et Prieur avaient l'interdiction de quitter ce territoire et de revenir en métropole avant trois ans. Mais en décembre 1987, après le versement par la France d'un dédommagement de plus de huit millions de dollars à Greenpeace, l'accord fut rompu unilatéralement.

Le Premier ministre Jacques Chirac fit rapatrier Mafart à Paris pour raisons médicales. Six mois plus tard, alors enceinte de son mari qui l'avait rejointe sur l'île d'Hao, Prieur regagna l'Europe à son tour. La Nouvelle-Zélande porta l'affaire devant un tribunal arbitral et les relations entre les deux pays demeurèrent tendues durant plusieurs années.

Les faux époux Turenge restèrent encore plusieurs années au service de l'armée française, puis ils prirent leur retraite. Dominique Prieur devint directrice des ressources humaines de la brigade des sapeurs-pompiers de Paris. Quant à Alain Mafart, il devint un photographe animalier reconnu. En 2014, une de ses photos fut sélectionnée par mégarde pour figurer dans un calendrier international de Greenpeace. L'association ne découvrit que tardivement l'identité du photographe et détruisit quatorze mille calendriers qu'elle détenait encore en stock. Mais elle ne put empêcher une majorité d'entre eux d'être vendus à un large public.

En décembre 1987, l'épave du *Rainbow Warrior* fut remorquée du port d'Auckland jusqu'au large de Matauri Bay. Elle y fut coulée en présence d'un large public, venu des quatre coins du monde pour dire au revoir au fleuron de la flotte de Greenpeace.

Aujourd'hui encore, le site reste un lieu incontournable des adeptes de plongée sous-marine.

Plusieurs agents de la DGSE impliqués dans le scandale politico-médiatique en voulurent à l'État français de les avoir lâchés. Ce fut le cas des faux époux Turenge, bien évidemment, mais aussi de l'équipage de l'*Ouvéa* et des nageurs de combat de la troisième équipe, dont les vrais noms furent donnés à la presse par des sources confidentielles. Des fuites organisées délibérément, des actes de haute trahison.

Orion en fit aussi les frais. Contrairement aux autres agents, son existence resta cachée et son vrai nom épargné. Mais quand Orion menaça de dévoiler certaines zones d'ombre de l'affaire aux médias, en échange de la réhabilitation de ses collègues bafoués, les foudres de la République s'abattirent sur lui. Sans pitié. Son châtiment fut exemplaire, il en porterait les stigmates jusqu'à la fin de ses jours. Orion était aujourd'hui une personne détruite, sacrifiée sur l'autel de la raison d'État.

40

Le brouillard commençait vaguement à se dissiper dans l'esprit de Tanja. Elle avait rêvé de l'affaire du *Rainbow Warrior* et de plein d'autres choses encore. Les cauchemars s'étaient succédé, certains très concrets, d'autres plus improbables.

Tanja avait l'impression d'avoir dormi longtemps et profondément. Elle sentait qu'elle était couchée sur le dos, sur une surface moelleuse. Ses paupières refusaient de lui obéir, elle peinait à ouvrir les yeux.

La première chose qu'elle vit fut une forme humaine, le visage flou d'une femme. Elle pensa d'abord qu'il s'agissait de sa mère. Mais, quand la femme se rapprocha et déposa un baiser sur son front brûlant, elle sentit la caresse de longs cheveux qui n'étaient pas ceux d'Erina. Tanja se concentra et ouvrit tout grand les yeux. Sa vision se stabilisa peu à peu. Elle reconnut Judith, voulut se redresser, mais une douleur aiguë lui perça le flanc droit. Elle grimaça et se recoucha.

« Pas de mouvements brusques, lui dit la directrice du centre écologique d'une voix douce. J'ai suturé la plaie, mais tu dois rester tranquille.

— La plaie ? murmura Tanja d'une voix pâteuse.

— Tu as reçu une balle, mais par chance elle a traversé sans toucher d'organe vital.

— Une balle ? »

Les images revenaient comme des flashs dans l'esprit de Tanja. Elle essayait de différencier ses rêves de la réalité. Anau, le taudis des Tetuanui, la puanteur, la vieille assassinée, les faux époux Bernheim, le quad, la moto, la course-poursuite, l'impact, sa chute, le néant. Tout était vrai.

« Où suis-je ? » balbutia-t-elle.

Son cerveau retrouvait peu à peu ses capacités. Une blessure par balle obligerait les médecins à appeler la police. Tanja se rappela l'avertissement du major Lettermann.

« Tu ne te souviens de rien ? demanda Judith. Tu m'as appelée.

— Je t'ai appelée ?

— Oui, tu m'as téléphoné. Tes paroles étaient confuses. Tu m'as dit où tu étais, que s'il t'arrivait quelque chose je devrais retrouver ta mère et ton fils, et les mettre à l'abri. Je suis venue à l'endroit indiqué et je t'ai trouvée. Tu délirais complètement. Tu disais que ta mère et ton fils avaient été enlevés, que je ne devais surtout pas avertir la gendarmerie. Tu me suppliais aussi de ne pas te conduire à l'hôpital. Alors, je t'ai amenée ici et je t'ai soignée comme j'ai pu. »

Tanja regarda autour d'elle et reconnut la chambre du faré. Elle était chez elle, couchée sur son lit.

« Comment m'as-tu soignée ? »

Judith sourit.

« Avec le matériel de fortune du sanctuaire. J'ai

sauvé des dizaines de tortues blessées, alors que je ne suis pas vétérinaire. Je me suis dit que je pourrais tester mes maigres connaissances médicales sur un être humain.

— Tu as appelé la police ?

— Non.

— Pourquoi ?

— Parce que tu m'as demandé de ne pas le faire. Et que les gendarmes n'ont jamais réagi quand je leur ai donné des informations sur le braconnage. J'ai l'impression qu'ils préfèrent fermer les yeux et vivre leur petite routine plutôt que d'affronter les ennuis. Surtout le major Lettermann, un sale con prétentieux, prêt à tout pour s'épargner du travail. »

Tanja ne trouva pas la force de sourire. Un spasme lui arracha un rictus. Tout son corps lui faisait mal. Elle transpirait et ce n'était pas à cause de la température extérieure, la climatisation fonctionnait. Tanja avait de la fièvre. La lumière de la chambre était allumée. Tanja tourna la tête et regarda par la fenêtre. Il faisait nuit.

« Quelle heure est-il ?

— Il est tard. Tu as dormi tout l'après-midi. »

Tanja se mit à paniquer.

« Ma mère… mon fils…

— Je ne sais pas où ils sont.

— Ils les ont enlevés. Les Bernheim… Anui… Je dois les retrouver. »

Judith soupira.

« Tu es sûre que tu ne veux pas que je prévienne la gendarmerie ? Lettermann est un con, mais je connais une petite jeune qui…

— Non, coupa Tanja. Surtout pas. C'est à moi de les retrouver.

— Dans ton état, tu n'iras pas loin. »

Tanja sentit le désespoir l'envahir. Les larmes lui montèrent aux yeux.

« Tu n'as pas les idées claires, reprit Judith. Tu es très faible. Voilà ce que nous allons faire. Je vais changer ton pansement, puis je vais te préparer un litre de thé. Tu es déshydratée, il faut que tu boives, beaucoup. Ensuite, tu vas tout me raconter depuis le début. Et nous aviserons sur la meilleure manière d'agir. »

41

Judith changea le pansement et désinfecta la plaie, Tanja grimaça. La balle avait traversé les tissus adipeux, juste au-dessous des côtes. Quelques centimètres plus haut, plus à gauche, et le foie aurait été touché. Tanja se rendit compte qu'elle avait eu de la chance.

Elle se redressa un peu dans le lit, regarda la blessure. Les points de suture étaient propres, Judith avait fait du bon travail. Tanja la remercia, puis lui raconta toute l'histoire, depuis la découverte du corps de Caroline.

« Qui sont ces gens ? demanda Judith quand elle eut fini. Des braconniers ?

— J'en doute fort. Les risques qu'ils prennent doivent cacher autre chose, un enjeu bien supérieur à de la viande de tortue.

— Que comptes-tu faire ?

— Je ne sais pas, mais je vais trouver. Il est hors de question que je laisse les Bernheim décider du sort de ma mère et de mon fils. Je suis venue ici, à l'autre bout du monde, pour protéger ma famille.

— De quoi ?

— C'est une autre histoire. »

Judith paraissait désemparée. La gendarmerie lui avait déjà annoncé la mort de Caroline, mais lui avait expliqué qu'il s'agissait d'une attaque de requin.

« Peut-être que tu devrais attendre des nouvelles des ravisseurs…

— Et qu'on me rende les cadavres de ma mère et de mon fils ? J'ai vu les Bernheim à l'œuvre, aujourd'hui. Ce sont des professionnels, ils ne reculent devant rien. Ils ont éliminé cette pauvre femme sans la moindre hésitation, comme ils ont assassiné, avant elle, Caroline et le docteur Temauri. Quel que soit leur plan, ils ne laisseront aucun témoin en vie.

— Mais ils t'ont dit qu'il allait se passer quelque chose demain soir, non ? Si ce sont des professionnels comme tu le dis, ils ne prendront jamais le risque d'éliminer ta mère et ton fils avant que leur plan ait abouti. Ces otages sont les garants de ton obéissance.

— Je leur ai déjà désobéi. Et ils doivent me croire morte.

— Qu'en sais-tu ? Ils n'ont pas fait demi-tour pour t'achever. Et si comme tu le dis…

— Oui, je sais. Des professionnels seraient revenus sur leurs pas et se seraient assurés de ma mort.

— Tu vois, sourit Judith. Tu n'as pas encore les idées claires. Laisse passer la nuit, repose-toi et, demain matin, on avisera. Je reste avec toi cette nuit. Et qui sait ? Peut-être que demain matin, tu auras des nouvelles de leur part. T'ont-ils dit comment ils comptaient te contacter ?

— Non. La première fois, c'était un simple bout de

papier posé sous un coquillage, sur une serviette de plage. Mais… »

Tanja regarda autour d'elle, comme si elle cherchait quelque chose. Judith comprit et revint dans la chambre avec le téléphone crypté.

« C'est ça que tu veux ? Tu le tenais dans une main quand je t'ai retrouvée. Et il y avait ça aussi. »

Judith déposa le pistolet de Tanja et le sac étanche sur le lit. Elle ajouta en souriant :

« Je présume que c'est ton matériel de journaliste. »

Tanja ne répondit pas. Elle prit le téléphone et consulta la mémoire de l'appareil. Elle n'avait reçu aucun appel ni message.

« Peux-tu me rendre un autre service ? demanda-t-elle à Judith. Sur la table du séjour, il y a mon ordinateur portable. Je voudrais consulter ma boîte mail.

— Tu n'y as pas accès depuis ton téléphone ?

— Non. »

Surprise, la sexagénaire sourit une nouvelle fois.

« Dans quel monde vis-tu, Tanja ? Aujourd'hui, tout le monde centralise tout sur son téléphone. C'est plus pratique. Et c'est une vieille qui te le dit.

— Disons que j'aime bien séparer les choses. »

Judith revint avec l'ordinateur. Tanja prit l'appareil et l'alluma. Elle consulta rapidement ses mails. Aucun signe des ravisseurs. Elle avait reçu un message, mais elle n'en parla pas à Judith. Ce message ne la regardait pas. Tanja referma l'écran et posa l'ordinateur sur la table de nuit.

« Je crois que tu as raison, dit-elle. Je vais essayer de dormir un peu.

— S'il y a quoi que ce soit, tu m'appelles. De toute

façon, je passerai régulièrement dans la chambre pour m'assurer que tout va bien. »

Tanja la remercia. Judith se pencha vers elle et déposa un baiser sur ses lèvres. Les deux femmes se regardèrent de longues secondes sans dire un mot. Tanja finit par rompre le silence.

« Comment sais-tu que j'aime les femmes ?

— Je ne le savais pas.

— OK… mais je… je ne suis pas en état de penser à ce genre de choses, tu sais ? Et j'ai déjà une amie, elle s'appelle Flavie. »

Judith lui sourit.

« Rassure-toi, je ne suis pas en train de te draguer. Jamais je ne profiterais de ton état pour te faire des avances. De toute façon, j'aime les hommes et je pourrais être ta mère. Mais comme je te l'ai dit, tu portes le même prénom que ma fille. C'est comme ça que je l'embrassais quand je la mettais au lit. »

42

Au moment où Judith refermait la porte de la chambre, Tanja sentit la honte l'envahir. Elle avait prêté à Judith de fausses intentions, avait projeté sur elle sa propre attirance, une attirance qu'elle avait elle-même refoulée.

Tanja regarda le pansement sur son abdomen et les sparadraps qui recouvraient ses bras et ses jambes. Judith l'avait soignée sans poser de questions, sans alerter la police. Elle lui avait même rapporté son téléphone et son arme.

Sur cette île paradisiaque qui s'était refermée sur Tanja comme un bénitier, Judith était peut-être devenue sa seule alliée.

Tanja reprit son ordinateur sur la table de nuit et rouvrit sa boîte mail. Le message l'invitait à rejoindre le site de rencontre ; Lovenature était en ligne. Si elle ne pouvait rien faire dans l'immédiat pour sa mère et son fils, Tanja pouvait au moins se rendre utile pour Flavie. Ça lui changerait les idées.

Elle se logua sur le site grâce à l'identifiant et au mot de passe de Greta Chapuis, et entama une discussion avec Matthias Hodler, sur leur amour commun du droit, des chevaux et de la nature. Au terme de la conversation, Lovenature lui proposa une rencontre dans la vraie vie. Ils convinrent d'un rendez-vous dans la journée, à l'université de Neuchâtel, là où Greta Chapuis étudiait.

Puis Tanja se délogua et envoya un message à Flavie, pour l'informer que Hodler avait mordu à l'hameçon. Une fois le message envoyé, elle éteignit la lumière et essaya de dormir. Elle eut beaucoup de peine à trouver le sommeil, mais finit par s'assoupir.

Au milieu de la nuit, Tanja entendit vaguement la porte de sa chambre s'ouvrir et se refermer. Judith veillait sur elle. Bien que léger, le bruit avait suffi à réveiller son cerveau. Ses douleurs aussi. Elle ne pouvait pas se tourner dans le lit, sa blessure l'en empêchait. Elle se mit à nouveau à penser à Loran et à Erina. Elle essayait d'effacer leurs visages de son esprit, mais n'y parvenait pas. Ses pensées se transformèrent une nouvelle fois en obsession.

Tanja finit par rallumer, prit l'ordinateur, consulta ses mails et retourna sur le site de rencontre. Lovenature était en ligne, Hodler venait de lui écrire.

« Je t'ai attendue à notre rendez-vous, mais tu n'étais pas là. T'es-tu moquée de moi ? »

Elle lui répondit, tout en prenant son téléphone et en composant le numéro de Flavie.

« Non, pas du tout. Je suis arrivée en retard, mais tu n'étais plus là. J'espérais qu'un gentleman ferait preuve de patience.

— J'accepte l'excuse.

— Désolée, vraiment. On remet ça ? Et cette fois, promis, je serai à l'heure.

— Il faut que je réfléchisse.

— Ne réfléchis pas trop longtemps.

— Ce sera à toi de faire preuve de patience. Belle journée. »

Lovenature se méfiait, c'était évident. Il mit un terme à la session. Au même moment, Flavie répondit à l'appel.

« Que se passe-t-il avec Hodler ? demanda Tanja.

— Je ne sais pas, je ne suis pas à Neuchâtel. Je suis en Valais, je t'expliquerai. Mais j'étais en ligne avec Jemsen au moment où tu m'as appelée. C'est bon, ils l'ont arrêté.

— Hodler ?

— Oui.

— Ce n'est pas possible, ma belle. Je viens d'échanger des messages avec lui il y a quelques secondes. Il s'est délogué à l'instant. Je vais tout faire pour le localiser, mais avec le darknet, ce n'est pas gagné.

— Amour, tu vas bien ? Ta voix… tu as l'air épuisée. Je…

— Je te tiens au courant », coupa Tanja.

Et elle raccrocha.

Elle sentit une boule se former dans sa poitrine et comprimer ses poumons, des larmes lui montèrent aux yeux. Elle aurait voulu tout dire à Flavie, où elle se trouvait, ce qui se passait avec sa mère et son fils. Mais elle ne pouvait pas.

Elle se concentra sur son ordinateur et se mit à traquer l'adresse IP utilisée par Lovenature. Contrairement aux croyances populaires, on pouvait remonter à la source d'une connexion sur le darknet. Tout était question de logiciel adéquat et de patience. Quand elle était à la police judiciaire fédérale, Tanja s'était formée auprès d'une entreprise spécialisée de la région lausannoise qui travaillait pour le compte des services de renseignements de l'armée.

Elle lutta contre les images qui hantaient son esprit, contre la douleur et contre la fatigue. Une heure s'écoula sans qu'elle s'en rendît compte. Quand enfin elle trouva ce qu'elle cherchait, elle envoya trois messages à Flavie, un texte et deux captures d'écran.

« Salut, ma belle, voici les localisations des derniers échanges avec Lovenature. »

Le texte se terminait par un cœur. Les captures d'écran étaient des zones géographiques de type Google Maps. Un point rouge marquait l'emplacement de Matthias Hodler. Ses derniers messages avaient été envoyés depuis les Jeunes-Rives à Neuchâtel. Les précédents depuis l'ancien hôpital de La Béroche, à la sortie de Saint-Aubin en direction de Sauges.

Tanja referma l'ordinateur et éteignit la lumière. Quelques secondes plus tard, elle entendit une nouvelle fois la porte de sa chambre s'entrouvrir, des pas s'approcher, la respiration de Judith. Tanja fit semblant de dormir. Judith se pencha vers elle, posa une main sur son front pour vérifier sa température, puis elle repartit et referma la porte. Tanja lutta encore un peu contre ses fantômes et finit par sombrer dans un profond sommeil.

QUATRIÈME JOUR

43

« Mon Dieu, qu'avons-nous fait ? » La phrase du copilote de l'*Enola Gay* résonnait dans l'esprit de Tanja. À côté d'elle, le corps de Caroline s'était consumé aussi vite qu'il avait pris feu. La jeune fille n'était plus qu'un tas de cendre à forme humaine, comme une habitante de Pompéi statufiée après l'éruption du Vésuve. On pouvait encore lire sa souffrance sur son visage. Puis l'onde de choc de la bombe la balaya comme un vulgaire tas de poussière.

Hiroshima n'était plus qu'un vaste champ de ruines. De l'autre côté de la rivière, seul le dôme était encore debout au milieu des gravats. Partout, des incendies faisaient rage. « Little Boy » avait ravagé deux tiers des bâtiments de la ville et tué instantanément quatre-vingt mille personnes. Cinquante mille autres périraient encore, victimes des incendies, des blessures consécutives à l'onde de choc ou des irradiations.

L'éclair atomique avait décoloré le béton et imprimé, sur des murs encore debout, les ombres d'objets ou de silhouettes humaines qu'il avait illuminés. Comme des négatifs de photos.

Tanja errait parmi les décombres, mais ne ressentait

rien. Ni douleur, ni peur, ni empathie pour ces dizaines de milliers de victimes anonymes, d'un autre lieu, d'un autre temps. Elle ne savait pas ce qu'elle faisait là.

Puis elle entendit une voix familière, qui l'appelait par son prénom. Une vieille femme était couchée sur un tas de gravats, au milieu de ce qui avait été autrefois une rue. Tanja s'approcha ; la vieille femme avait la peau brûlée sur tout le corps, des yeux tout blancs, anéantis par l'éclair, elle était aveugle. Tanja reconnut sa mère, elle se précipita vers elle et s'agenouilla.

« Maman ! »

Erina lui sourit tristement et murmura :

« Loran… tu dois sauver ton fils… »

L'angoisse envahit Tanja.

« Loran est ici ?

— On ne savait pas où tu étais. On est partis à ta recherche, Loran et moi. On a trouvé le tunnel et on est arrivés ici. Puis il y a eu ce flash…

— Où est-il ?

— Je ne sais pas. Tu dois le retrouver, ma fille. Avant qu'il ne soit trop tard…

— Oui, mais… et toi ?

— Pour moi, il est déjà trop tard. »

Tanja était perdue. Autour d'elle, il n'y avait qu'un vaste désert de caillasse noircie et de flammes. Tanja entendait vaguement des murmures et des suppliques, mais ne voyait aucun survivant.

Puis elle entendit une petite voix venue de nulle part.

« *Nënë…* »

Tanja se retourna et vit un enfant, un peu plus loin

au milieu du chaos. Il marchait d'un pas chancelant. Il était tout débraillé, ses vêtements étaient déchirés.

«*Nënë !*» cria-t-il.

Tanja courut vers lui, les bras ouverts, des larmes plein les yeux, mélange d'anxiété et de bonheur. Mais tandis qu'elle s'approchait de son fils, l'espoir fit place au désespoir. L'enfant marchait les bras en avant, comme un aveugle. Les irradiés avançaient ainsi. Des lambeaux de peau brûlée tombaient de ses bras, l'enfant se décomposait un peu plus à chaque pas. Son corps s'effrita, il tomba en poussière.

La douleur était si vive que Tanja se laissa tomber sur le sol et se recroquevilla. Elle irradia son corps tout entier, puis se concentra. Deux trous rouges au côté droit.

44

Tanja avait vraiment crié dans son sommeil. Judith entra aussitôt dans la chambre. Une odeur de café émanait du faré.

« Est-ce que ça va ? demanda la sexagénaire.

— J'ai fait un cauchemar. C'est la troisième nuit que je fais le même. »

Judith s'approcha et s'assit au bord du lit.

« Laisse-moi examiner ta blessure. »

Tanja grimaça quand son ange gardien décolla le pansement. La plaie avait légèrement saigné, mais les points de suture tenaient. Judith nettoya, désinfecta, mit un nouveau pansement.

« Tu as faim ?

— Un peu.

— C'est plutôt bon signe. Je vais t'apporter le petit déjeuner au lit.

— Ce ne sera pas nécessaire. Je vais me lever. »

Judith fit la moue.

« Ce n'est pas une bonne idée. Tu devrais rester allongée encore un peu.

— Il n'en est pas question. »

Tanja se leva doucement et, dans la salle de bains,

elle retira les sparadraps de ses jambes, de ses bras et de son front, puis se lava le corps avec un gant de toilette humide, en prenant soin de ne pas mouiller le pansement. Elle passa ensuite son paréo et gagna la terrasse du faré. Sur la table, du café, du jus de fruits, du pain et des œufs brouillés.

« Tu as réussi à dormir ? demanda Judith.

— Par intermittence. Et toi ?

— Pareil.

— Je suis navrée. Tu aurais dû rentrer chez toi.

— Et te laisser seule dans cet état ? Il n'en était pas question. De toute façon, je ne dors jamais très bien depuis la mort de ma fille. Et l'âge n'arrange rien aux insomnies. »

Tanja regarda le lagon, l'île centrale et le mont Otemanu. Loran et Erina étaient quelque part, retenus prisonniers sur cette île ou sur un des motus qui l'entouraient.

« Tu m'as dit l'autre jour que tu préférais ne pas parler de l'accident de ta fille, mais…

— Un accident de voiture, coupa Judith. À Paris. Ça remonte à très longtemps. Tania n'avait que sept ans. »

L'ex-inspectrice resta bouche bée. L'évocation de cet accident lui rappela tout de suite la mort de Mathilda, la fille de Flavie.

« Je suis désolée.

— Il n'y a pas grand-chose à en dire. J'ai refait ma vie, le plus loin possible de la capitale. Mais encore aujourd'hui, le souvenir de Tania hante mes nuits. Alors, je mets à profit mes insomnies pour occuper mon esprit autrement. C'est ce que j'ai fait, cette nuit.

J'ai effectué quelques recherches et je crois que j'ai trouvé quelque chose concernant les Bernheim. »

Tanja ouvrit de grands yeux, impatiente de connaître la suite.

« Qu'as-tu trouvé ?

— Le nom d'un bateau : le *Barracuda*, un petit yacht. Caroline m'en avait parlé, il est lié au braconnage de tortues, mais elle ne savait pas à qui il appartenait. Cette information m'est revenue en mémoire cette nuit. Ce matin, j'ai passé un coup de téléphone à un ami tahitien, qui tient une agence de location de bateaux. Il a lui-même passé quelques coups de fil et m'a rappelée. Figure-toi que ce yacht a été loué à Papeete il y a environ deux semaines par Solange et Daniel Bernheim. Ils ne l'ont pas encore rendu à l'agence.

— Où est-il ?

— Ça, je ne sais pas encore. Mais mon ami m'a dit que ce genre de bateau est généralement équipé d'une balise GPS. Il va se renseigner. Nous devrions bientôt avoir des nouvelles. »

Pour la première fois depuis la veille, une lueur d'espoir était apparue dans les yeux de Tanja.

« Merci, Judith, dit-elle en avalant une lampée de café brûlant. Dès que tu reçois l'information, donne-la-moi.

— Que vas-tu faire ?

— Ce que j'aurais dû faire hier soir déjà : partir à la recherche de ma mère et de mon fils, et les arracher aux griffes de ces salauds. »

Judith soupira.

« Je pense qu'il est inutile de te conseiller d'appeler la gendarmerie ?

— Hors de question. Je n'ai aucune confiance en Lettermann. Et toi non plus, si j'ai bien compris.

— Peut-être que tu as raison. Mais si tu échoues…

— Je n'échouerai pas.

— Je veux bien te croire, mais dans ton état…

— L'amour d'une mère est inconditionnel et sans limites, tu le sais mieux que quiconque. Jamais je ne survivrais à mon enfant. »

La sexagénaire hocha tristement la tête.

« Et s'il t'arrive malheur ?

— Dans ce cas, Judith, tu dois me faire une promesse. Si ma mère et moi disparaissons, tu dois me promettre de t'occuper de Loran, de prendre soin de lui et de l'élever comme ton propre fils.

— C'est que… je suis déjà âgée et…

— Tu sauras prendre les dispositions nécessaires pour que mon fils ne finisse pas à la DDASS. En aucun cas il ne doit retourner en Suisse. Même mon amie Flavie doit continuer d'ignorer qu'il est vivant et où il se trouve. Ne me pose pas de questions à ce sujet, c'est comme ça. En revanche, si je venais à mourir, préviens Flavie de mon décès. Tu trouveras son numéro dans mon téléphone. Promets-le-moi, Judith. »

Judith hésita.

« Je te le promets », dit-elle.

45

« Depuis quand vis-tu en Polynésie ? demanda Tanja.

— Bientôt trente ans.

— Tu dois en connaître un bout, sur l'histoire et les mythes de la région. As-tu déjà entendu parler de la lune noire ? »

Judith regarda Tanja avec des points d'interrogation dans les yeux.

« La lune noire ? Aucune idée, jamais entendu parler. Qu'est-ce que c'est ?

— J'aimerais bien le savoir.

— Qui t'a parlé de ça ?

— La mère d'Anui, avant de mourir.

— Que t'a-t-elle dit exactement ?

— Je n'ai pas compris grand-chose, je crois qu'elle délirait. »

Judith partit à la cuisine et revint avec deux tasses pleines de café. Elle s'assit, son téléphone vibra sur la table. Elle regarda l'écran, et son regard s'assombrit.

« Qu'est-ce qui se passe ? demanda Tanja.

— Mon ami tahitien vient de m'envoyer la localisation du *Barracuda*. C'est curieux, on dirait qu'il est tout près d'ici.

— Où ça ?
— Dans le lagon, au large de Piti A'au, juste en face de chez toi. »
Tanja se leva d'un bond. La douleur lui arracha un rictus.
« Où vas-tu ? » demanda Judith.
Tanja ne répondit pas. Elle revint sur la terrasse quelques secondes plus tard avec son sac étanche, y rangea son téléphone crypté et garda son pistolet au poing. Judith la regardait, inquiète.
« Qu'est-ce que tu vas faire ?
— Je vais sur la plage. Toi, tu files d'ici. Vite. Les Bernheim viennent ici pour moi. Ils ignorent que tu es là. Traverse le motu et retourne à pied jusqu'au Méridien par la côte océane. Ils ne te verront pas. »
Judith regarda en direction de la plage. À cause des arbres, on ne voyait que partiellement le lagon. Elle tourna la tête dans la direction opposée, hésita. Puis elle regarda Tanja et finit par dire :
« Je viens avec toi.
— Pas question !
— Je ne te laisse pas le choix. C'est ma vie, ma décision. Je n'ai plus l'âge de fuir et je veux voir les assassins de Caroline dans les yeux.
— Ils vont te tuer.
— Je suis déjà morte depuis longtemps.
— Et ta promesse ? »
Judith sourit tristement.
« Tu me survivras. »

En chemin, Tanja vérifia son pistolet. Chargeur plein, balle engagée, cran de sûreté ôté, arme prête à l'engagement. La situation ne lui plaisait guère. Si ça tournait mal, elle devrait non seulement se protéger elle-même, mais aussi protéger Judith. Elle était aussi têtue qu'elle, et ne lui avait pas laissé le choix.

Elles atteignirent le sable blanc, marchèrent jusqu'au bord de l'eau. Le yacht était là, il avait jeté l'ancre au large de la plage. Un canot pneumatique, avec deux personnes à bord, avait été mis à l'eau.

Tanja se tourna vers Judith.

« Quoi qu'il se passe, tu restes derrière moi. Compris ? »

Judith acquiesça.

Le canot à moteur s'approchait. Les secondes défilaient, longues comme des minutes. Les silhouettes grossissaient. Sans surprise, Tanja reconnut les Bernheim. Ils accostèrent à quelques mètres du rivage et descendirent dans l'eau, arme à la main. Tanja les visait déjà avec son pistolet. Ils marchèrent jusqu'à la plage sans tenir compte de la menace.

« Restez où vous êtes ! » ordonna Tanja.

Leurs silencieux étaient pointés vers le bas.

« Ne faites pas de bêtise, répondit l'homme. Soyez raisonnable et suivez-nous sans opposer de résistance. Sinon, votre fils et votre mère mourront.

— Où sont-ils ?

— Entre de bonnes mains. Ils vont bien. Mais si nous ne revenons pas dans une heure très exactement, leur gardien a reçu l'ordre de les exécuter.

— Qui est-ce ? demanda la femme en désignant Judith.

— Une amie, répondit Tanja sans baisser son arme.

Laissez-la partir. Ce n'est qu'à cette condition que je vous suivrai.

— Je crains que ce ne soit pas possible, répondit l'homme. Elle a vu nos visages. Nous vous l'avons déjà dit : nous ne pouvons rien laisser au hasard jusqu'à ce soir. »

Tanja resta impassible. Son cerveau turbinait et, après quelques secondes, elle lança :

« Je m'attendais à votre réponse, c'était très prévisible. Alors, j'ai pris les devants et j'ai conclu une assurance vie. »

Son pistolet était toujours braqué sur les Bernheim. De sa main libre, elle tendit le sac étanche devant elle.

« Qu'est-ce que c'est ? demanda l'homme.

— Je vous l'ai dit : une police d'assurance vie. Pour mon fils, ma mère et moi. Et pour Judith aussi. Je sais ce que vous préparez, j'ai tout compris. Alors, j'ai programmé une série de messages susceptibles de faire capoter votre plan. Seul mon téléphone peut les désactiver.

— À qui sont destinés ces messages ?

— Vous le savez très bien.

— Vous bluffez.

— Voulez-vous prendre le risque ? »

Les Bernheim se regardèrent. Tanja reprit :

« Judith et moi allons vous suivre. Je vous conseille vivement de ne pas toucher à un seul de nos cheveux. Et j'espère pour vous que ma mère et mon fils sont en bonne santé. Sinon… »

La femme regarda l'homme et hocha la tête.

« D'accord, dit-il. Mais jetez votre arme. »

Tanja essaya de lire les intentions des Bernheim

dans leurs yeux. Elle ne les avait visiblement pas déstabilisés. Mais les Albanais montraient peu leurs émotions, surtout quand il s'agissait de professionnels du crime. Tanja connaissait bien ce genre d'individus.

Elle hésita un instant, baissa son arme et la jeta sur le sable. La femme s'avança et ramassa le pistolet. Quand elle se redressa, Tanja lui tendit le sac étanche.

« N'oubliez pas le téléphone », dit-elle d'un ton légèrement provocateur.

La femme prit le sac qui contenait l'appareil. D'un geste, l'homme fit comprendre à Tanja et à Judith de lever les mains.

46

Sur le pont du *Barracuda*, il y avait du matériel de plongée, de pêche, et un seau rempli de poissons morts baignant dans de l'eau mêlée de sang. Tanja et Judith furent conduites dans la cabine, et invitées à s'asseoir côte à côte sur une banquette. Les Bernheim leur sanglèrent les mains dans le dos avec des serre-câbles en plastique, puis leur passèrent une cagoule noire sur la tête.

Les deux femmes entendirent encore quelques bruits de pas, aucune parole. Puis les Bernheim s'éloignèrent.

« Ça va ? chuchota Tanja.

— On ne pourrait rêver mieux, répondit Judith. C'est quoi, cette histoire d'assurance vie ?

— Ce que j'ai trouvé de mieux pour te sauver la vie. Sinon, ils t'auraient éliminée sur la plage. Tu aurais dû fuir quand je te l'ai dit.

— Tu savais que je ne le ferais pas. »

Elles entendirent le moteur du *Barracuda* se mettre en marche, sentirent le bateau tourner et prendre de la vitesse.

« Où nous emmènent-ils ? demanda Judith.

— Nous allons bientôt le savoir.

— Concernant leur plan, tu as dit…

— J'ai ma petite idée, coupa Tanja. Sais-tu quelle est la vitesse maximale de ce bateau ?

— Aucune idée.

— Ton ami de Tahiti ne t'a pas donné la fiche technique ? »

Tanja crut entendre une sorte de petit rire moqueur.

« Oui, répondit Judith. Mais disons que ce n'était pas ma préoccupation première de la mémoriser. Peut-être quinze ou vingt nœuds, je ne sais pas. Pourquoi ?

— J'aurais pu essayer de calculer la distance parcourue en fonction de la durée de notre voyage.

— Et ça t'aurait avancé à quoi ?

— À avoir une vague idée de l'endroit où ils nous emmènent. »

Tanja ne voyait presque rien à travers la cagoule. La lumière du jour filtrait à peine, mais elle semblait plus intense du côté droit. En fonction de la position du soleil, Tanja comprit que le yacht avait pris la direction du nord. Elle essaya de compter les secondes dans son esprit, mais le calcul restait très aléatoire. Après une quinzaine de minutes, l'éclairage du soleil changea légèrement d'orientation. Tanja imagina que le yacht entamait le contournement de l'île. Une vingtaine de minutes s'écoulèrent encore et le yacht se mit à ralentir.

Tanja et Judith devinèrent des manœuvres d'accostage. Il y eut des bruits de pas sur le pont, des grincements de cordes d'amarrage, le bateau s'immobilisa.

Puis les bruits de pas descendirent dans la cabine et une voix féminine ordonna :

« Levez-vous, doucement. »

Tanja et Judith obéirent. Elles sentirent des mains les saisir par les bras et les guider vers la sortie, le cliquetis d'une passerelle métallique, les craquements d'un vieux ponton en bois. Sous leurs pieds, l'eau calme du lagon clapotait contre les pilotis.

Les Bernheim les conduisirent comme deux aveugles jusqu'à un chemin de terre. La caillasse irrégulière crissait sous leurs tongs. Puis elle laissa place à de l'asphalte. Une route. Tanja et Judith sentirent les mains de leurs gardiens les retenir par le bras.

« Stop ! » dit la femme.

Quelques secondes s'écoulèrent. Un bruit de moteur approchait, une voiture passa, puis le bruit s'atténua jusqu'à disparaître. Tanja imagina qu'ils s'apprêtaient à traverser discrètement la route périphérique de l'île. Sûrement un tronçon en dehors de toute agglomération.

« C'est bon, dit l'homme. On peut y aller. »

Ils reprirent leur marche. De l'autre côté de la route, ils quittèrent l'asphalte lisse et plat pour un sentier qui grimpait. Ils passèrent du soleil à l'ombre ; Tanja perçut le changement de luminosité à travers les mailles de la cagoule. Elle sentit aussi le changement de température. La fraîcheur des lieux lui provoqua des frissons. Il y avait une certaine humidité, des bruissements de feuilles, des cris d'oiseaux. Tanja imagina la forêt qui bordait la route en certains endroits et qui recouvrait presque entièrement l'île jusqu'au sommet du mont Otemanu.

Ils grimpèrent plusieurs centaines de mètres au jugé, sur un chemin escarpé et sinueux. Puis Tanja et

Judith reçurent l'ordre de s'arrêter à nouveau. Il y eut un bruit de feuillage, le cliquetis d'une clé dans une serrure et le grincement d'une porte métallique.

« Entrez ! »

Elles firent quelques pas, puis on leur intima de ne plus bouger. Toute luminosité à travers les mailles de coton avait disparu, la température avait encore chuté. Il y eut un bruit de porte qu'on refermait et qu'on verrouillait. Les mains de leurs gardiens saisirent les cagoules et les retirèrent.

Tanja et Judith eurent la sensation de rester aveugles. L'obscurité les entourait.

47

Les Bernheim allumèrent des lampes torches et éclairèrent un long escalier qui s'enfonçait dans les entrailles de la terre.

« Passez devant ! » ordonna l'homme.

Tanja et Judith commencèrent à descendre les marches taillées dans la roche noire. Au fur et à mesure qu'elles progressaient dans les ténèbres, le sol devenait de plus en plus humide et glissant. Contre les parois, on devinait des failles de l'ancien volcan, de l'air s'y engouffrait et rafraîchissait l'atmosphère. Enveloppées de leurs paréos, Tanja et Judith avaient froid.

« Tu sais où on est ? murmura Tanja.

— Non, répondit Judith. Sûrement un ancien bunker américain de la Seconde Guerre mondiale. J'en ai visité quelques-uns, mais jamais celui-là.

— Silence ! » aboya la femme derrière elles.

Elles descendirent encore une cinquantaine de marches, puis arrivèrent au pied de l'escalier. Devant elles, les lampes électriques éclairaient une autre porte métallique, rouillée.

« Entrez ! » ordonna l'homme.

Les mains entravées dans le dos, Tanja appuya une

épaule contre la porte et la poussa. Le panneau pivota et grinça.

Tanja et Judith pénètrèrent dans une salle bétonnée, séparée en deux par une paroi moderne partiellement vitrée. Derrière la vitre, il y avait un laboratoire de fortune, faiblement éclairé par la lueur bleutée d'un vieux tube au néon. Près d'une porte étanche dans la paroi, deux combinaisons blanches étaient accrochées au mur. Elles ressemblaient un peu aux combinaisons intégrales de la police scientifique, mais en plus épais, avec des bottes, des gants, un masque facial et un filtre intégrés.

«*Nënë !*» cria soudain une voix d'enfant.

Tanja tourna la tête et vit son fils assis à côté d'Erina. L'enfant se leva et courut vers sa mère. Elle aurait voulu lui ouvrir les bras, mais ses liens l'en empêchaient.

«Loran !» soupira-t-elle au moment où son fils enlaçait ses jambes.

Elle sentit les larmes lui monter aux yeux et fit un effort pour les refouler. Elle ne devait surtout pas montrer de faiblesse aux Bernheim, elle devait les laisser croire qu'elle était forte, qu'elle maîtrisait la situation. Elle aurait voulu s'agenouiller, embrasser son fils, le câliner, le couvrir de baisers, mais elle resta debout et regarda sa mère. Dans un coin de la pièce, Erina était assise sur le sol, contre un mur, les mains attachées dans le dos. Elle avait l'air fatiguée, ne bougeait pas, restait muette comme si son esprit était ailleurs.

Anui était debout à côté d'Erina et la surveillait en jouant avec un couteau à cran d'arrêt, dont il éjectait la lame et la rétractait. Les allers-retours de la lame provoquaient des cliquetis métalliques qui résonnaient dans la pénombre.

« Ça va, maman ? demanda Tanja en cachant ses émotions.

— *Vriti ata, vajzë*, répondit simplement Erina. *Vriti te gjithe !* Tue-les, ma fille. Tue-les tous !

— *Hesht, plakë !* intervint la femme qui était entrée à son tour dans la salle. Tais-toi, vieille femme !

— Vous en avez mis du temps, intervint Anui. J'ai cru un moment que vous aviez été arrêtés.

— Tout va bien, mon ami, répondit l'homme. Sois tranquille. Nous avons eu un léger contretemps, mais nous l'avons réglé.

— Qu'est-ce qu'elle fait là ? demanda le Polynésien en désignant Judith.

— Une garantie supplémentaire pour la réussite de notre plan, comme la mère du petit. Nous en avons déjà discuté. Nous préférons les savoir ici durant l'opération plutôt qu'en liberté.

— Tout ça ne me plaît guère, grommela Anui. Hormis la cible, personne ne devait être tué. C'était le deal. La fille du sanctuaire et le docteur, c'était déjà trop.

— Mais nécessaire, mon ami. Ils auraient pu compromettre toute l'opération. À propos de la cible, est-elle bien arrivée ? »

Le Polynésien désigna un grand écran de télévision dans un coin de la pièce.

« Il vient d'atterrir. »

Anui avait coupé le son, il le remit. Polynésie La 1re diffusait en direct les premières images de l'arrivée du président français à l'aéroport de Bora-Bora.

48

Airbus A330, indicatif: Cotam 0001. Le plus coûteux de la flotte gouvernementale française. L'avion roulait encore sur le tarmac du motu Mute. Les journalistes étaient déjà entassés au bord de la piste, avec des dizaines de caméras. La journaliste de Polynésie La 1re, fleur de tiaré dans les cheveux, commentait, avec l'avion présidentiel en arrière-plan :

« C'est la première fois que le président de la République se déplace en Polynésie française, pour une visite qui devrait se concentrer sur la défense de l'environnement et les conséquences du nucléaire. Après Tahiti et Moorea, Emmanuel Macron est arrivé ce matin à Bora-Bora. Son voyage est attendu par les habitants de l'archipel, qui espèrent que le président confirmera l'indemnisation des victimes des radiations, après des décennies d'essais nucléaires français. Le président prévoit également de parler des risques que représentent, pour les îles, les cyclones et l'élévation du niveau de l'océan, liés au réchauffement climatique. Au total, Emmanuel Macron visitera quatre sites répartis sur un territoire aussi vaste que l'Europe. Un déplacement de quatre jours qui vise à renforcer les liens entre Paris et ses anciennes colonies du Pacifique. »

L'avion présidentiel s'immobilisa, on installa une passerelle. Sur le tarmac se tenaient des militaires en tenue d'apparat, des gendarmes, des agents de sécurité et une délégation d'officiels de l'île. La porte de l'Airbus s'ouvrit. Le président apparut en costume bleu marine, cravate assortie. Il fit un signe de la main et descendit les marches. Au pied de la passerelle, il fut accueilli par le maire de Bora-Bora, qui lui passa un collier de fleurs autour du cou. Mains sur les épaules, accolade de bienvenue, bras serrés interminablement.

La journaliste de Polynésie La 1re poursuivait :

« Pour mémoire, l'épineux dossier du nucléaire concerne principalement les atolls de Mururoa et de Fangataufa. Quarante-six essais aériens entre 1966 et 1974, cent quarante-sept essais souterrains entre 1975 et 1996. Plus de trois mille deux cents tonnes de déchets radioactifs rejetés à la mer. De nombreux Polynésiens sont morts, ou souffrent encore aujourd'hui des retombées de ces essais sur des zones habitées, notamment de cancers et d'autres maladies graves induites par les radiations. Il aura fallu des décennies de lutte acharnée, menée par des associations écologiques comme Greenpeace, le scandale du *Rainbow Warrior*, pour parvenir à briser le secret sur la scène internationale, à contraindre le président Chirac à abolir ces essais en 1996 et à démanteler le Centre d'expérimentation du Pacifique. »

Sur le tarmac, la délégation présidentielle avait maintenant droit à l'accueil traditionnel populaire. Un groupe d'hommes et de femmes, dont les paréos blancs étaient décorés de fleurs et de feuilles de bananier, firent une démonstration de *'orero*. Cet art déclamatoire ancestral, réservé à l'origine aux messagers du roi ou aux guerriers harangueurs, se déclinait entre danse, chant et exercice oratoire.

Le président traversa ensuite la foule qui s'était amassée dans le petit terminal du motu Mute. Il serra des quantités impressionnantes de mains et de bras, échangea quelques mots avec des autochtones, puis s'arrêta devant une banderole exhibée par des militants antinucléaires, qui manifestaient dans le calme.

Les micros et les caméras des journalistes s'approchèrent au maximum, pour tenter de capter le moindre échange. Une femme, membre de l'Association 193, en référence au nombre total des essais, s'adressa au président :

« On vous demande d'assumer ce que l'État a fait au peuple polynésien. L'État français doit lui demander pardon, et apporter des réparations collectives et individuelles. »

Emmanuel Macron la salua et répondit, l'air grave :

« Madame, je vous demande d'être attentive à l'allocution que je prononcerai ce soir à Vaitape. Ce que je peux déjà vous dire, c'est qu'il existe depuis trop longtemps, sur ce sujet central de notre unité républicaine, une inacceptable chape de silence et de secrets. J'ai entendu ce que vous m'avez demandé et je vous en donne la réponse : l'histoire de notre nation porte une dette immense à l'égard de la Polynésie française. Parce que je veux qu'on en finisse avec ce pacte du mensonge, j'ai demandé au Premier ministre de diligenter toutes actions qui permettront d'accéder aux attentes naturelles d'indemnisation de nos concitoyens. Il en va de la responsabilité de l'État et de notre devoir, au nom de notre mémoire commune. »

Et la journaliste de Polynésie La 1re d'ajouter à l'antenne :

« Une reconnaissance dans la continuité de celle de ses prédécesseurs, et notamment de François Hollande en 2016, une promesse dont les associations doutent. Elles attendent donc avec impatience l'allocution présidentielle de ce soir. »

49

Anui éteignit le son de la télévision.

« Comme toujours, le président sous-entend que les associations de défense des victimes ne font qu'entretenir un pacte de mensonges. Il n'y a aucune avancée dans son discours, que de la démagogie et des propos d'une lourdeur qui pèse sur ce pays. Rien ne va avancer. »

Tanja regarda son fils ; Loran était toujours accroché à ses jambes et ne disait rien. Les Bernheim s'apprêtaient à revêtir les combinaisons antiradiations. Elle se tourna vers Anui.

« Et c'est en assassinant votre président que vous comptez changer le cours des choses ? »

Le Polynésien cracha par terre.

« Macron n'est pas mon président. Il n'est qu'un ennemi de la Polynésie, comme tous les autres avant lui. Ses paroles ne sont que du vent, de vagues promesses électorales qu'il ne tiendra jamais. Mon père a œuvré en bon soldat au Centre d'expérimentation du Pacifique, il en est tombé malade. Et comment la France l'a-t-elle remercié ? Elle l'a laissé crever comme un chien. Aujourd'hui, je vais obtenir réparation. Je vais venger mon père et offrir à ma mère les soins auxquels elle a droit. »

Tanja regarda les Bernheim ; ils avaient enfilé leurs tenues et se tenaient à plusieurs mètres de là. Elle répondit à Anui :

« Je crains qu'il ne soit trop tard. »

Après un moment d'hésitation, il éclata de rire.

« Détrompez-vous, nous sommes parfaitement dans les temps.

— Je ne vous parle pas du président, mais de votre mère.

— Quoi, ma mère ? »

Nouvelle hésitation, nouvelle bouffée de confiance.

« Vous ne savez rien de ma mère.

— Suffisamment pour savoir que Faeta ne pourra pas tenir sa promesse. »

À l'évocation de son surnom, Anui vacilla.

« Qui vous a parlé de Faeta ?

— Votre mère.

— Vous l'avez vue ?

— Juste avant qu'elle meure. »

Le Polynésien encaissa le coup, puis il se ressaisit et bondit sur Tanja. Il renversa Loran. L'enfant tomba, se cogna la tête sur le sol et se mit à pleurer. Anui colla son couteau sous la gorge de Tanja.

« Tu dis n'importe quoi pour tenter de me déstabiliser. Mais tu n'y arriveras pas. »

Tanja ne se laissa pas intimider. Elle resta de marbre et répondit, en passant elle aussi au tutoiement :

« Faeta, la lune noire… Ta mère m'a tout raconté avant de mourir.

— Tu l'as tuée ? »

L'œil valide d'Anui fusillait Tanja. Elle sentit la pression de la lame sur sa carotide.

« Pas moi, eux. »

Tanja désigna les Bernheim d'un regard.

« Ta mère était sur le point de me dévoiler votre projet quand tes petits copains l'ont abattue comme une chienne, sur son vieux matelas.

— Tu mens ! hurla Anui.

— Demande-leur. »

Loran pleurait. Erina et Judith n'avaient pas bougé, chacune silencieuse dans un coin de la pièce. La scène avait alerté les Bernheim. L'homme s'approcha.

« Lâche-la ! intervint-il d'un ton autoritaire. Que se passe-t-il, mon ami ? »

Le Polynésien s'écarta de Tanja et regarda l'homme d'un air suspicieux.

« Elle dit que vous avez tué ma mère.

— Ce sont des conneries, elle essaie de gagner du temps et de semer la discorde entre nous. Ne l'écoute pas et concentre-toi sur ta mission.

— La balle est encore là-bas, continua Tanja.

— Quelle balle ? demanda Anui.

— La balle qui a traversé la tête de ta mère, elle est plantée dans le bois de ton faré, à Anau. La police pourrait te confirmer qu'elle provient d'une de leurs armes. »

Le Polynésien se tourna vers Tanja et la gifla violemment.

« Silence ! Tu dis n'importe quoi ! »

Tanja redressa la tête et cracha du sang sur le sol.

« Tu vois ce sang ? Il est rouge comme celui de ta mère. Rouge comme le quad dans lequel se sont enfuis ses assassins. Comment le saurais-je si je ne les avais pas vus s'enfuir après le meurtre ? »

Anui resta pétrifié quelques secondes. Tanja ne pouvait pas connaître cette dernière information, sauf si elle disait la vérité. Il se retourna d'un bloc et s'avança, couteau au poing, en direction de l'homme, qui recula.

« Qu'est-ce que vous avez fait ? » demanda le Polynésien.

Il n'attendait aucune réponse, il la connaissait. L'homme le savait. Il recula encore. Il n'était pas armé.

« Calme-toi, tenta-t-il.

— Que je me calme ? Alors que vous avez assassiné ma mère ?

— Ce n'est pas ce que tu crois… c'était nécessaire… pour la mission ! »

En reculant, l'homme s'encoubla dans les plis de la combinaison qu'il n'avait pas fini d'ajuster. Il perdit l'équilibre et tomba à la renverse. Anui se précipita sur lui, couteau levé. Il y eut un bruit sourd. Le projectile entra sous le nez du Polynésien et emporta la moitié de sa tête. Du sang, de la matière cérébrale et des os éclaboussèrent le fond de la pièce. Le corps d'Anui s'affaissa et chuta lourdement sur le sol.

Dans l'encadrement de la porte qui séparait la pièce du laboratoire, la femme du couple Bernheim tenait son pistolet à deux mains, bras tendus devant elle. Il y eut un long silence que de lents applaudissements finirent par briser.

50

Tous les regards s'étaient tournés vers le fond de la pièce. Judith était debout, les mains déliées, et elle les frappait l'une contre l'autre, lentement. Ses applaudissements résonnaient dans le bunker.

Sans dire un mot, la sexagénaire s'avança au centre de la pièce, marcha dans le sang d'Anui et s'arrêta à côté de son cadavre. Elle se baissa, ramassa le couteau à cran d'arrêt et se redressa. Toujours en silence, elle pressa le bouton vers le bas, la lame se rétracta.

La femme du couple Bernheim la visait avec son arme. Judith lui dit calmement mais fermement :

« Range ton jouet, Donika. »

Puis elle se tourna vers l'homme, toujours au sol, et lui ordonna :

« Et toi, Sokol, debout ! »

Tanja aurait voulu dire quelque chose, demander des explications, mais aucun mot ne sortait de sa bouche. Elle commençait à peine à comprendre à quel point elle avait été naïve.

« Je ne vous félicite pas, reprit Judith à l'intention des Bernheim. On peut dire que depuis quelques jours vous multipliez les conneries. On fait quoi, maintenant que vous avez éliminé notre seule chance d'atteindre notre cible ?

— C'est votre cible, répondit Sokol en se relevant. Pas la nôtre. »

Donika n'avait pas baissé son arme, toujours pointée sur la tête de Judith. La sexagénaire le savait bien, mais elle conserva son calme.

« Si votre idée est de tous nous éliminer et de partir avec la marchandise, c'est que vos cerveaux sont encore plus dérangés que je ne le craignais. Dois-je vous rappeler que vos patrons m'ont déjà payée en ajoutant une caution de quinze millions de dollars ? Si vous me tuez, jamais ils ne reverront cet argent. Le deal est pourtant simple : la mort du président contre le remboursement de la caution. »

Les Bernheim se regardèrent ; l'homme fit un signe de la tête, la femme baissa son arme.

« OK, dit Sokol. Qu'est-ce qu'on fait ?

— Je vais trouver une solution pour réparer une nouvelle fois vos bêtises, répondit Judith. En attendant, on continue comme convenu. Le temps nous est compté. »

Les Bernheim finirent de s'équiper. Munis de leur combinaison intégrale et de leur masque de protection, ils entrèrent dans un sas qui séparait la pièce du laboratoire. À travers la vitre, à la lueur du tube au néon, ils ressemblaient à deux spectres.

« Tu m'expliques ? finit par demander Tanja.

— Pas maintenant, répondit Judith. J'ai besoin de réfléchir. Va t'asseoir à côté de ta mère et dis à ton fils d'arrêter de chialer. »

Le ton était péremptoire, mais non empreint de

menace. Judith donnait l'impression d'être la maîtresse des lieux.

« C'est qui, ces deux-là ? demanda Tanja en s'asseyant à côté d'Erina.

— Des truands albanais ou kosovars, j'imagine que tu t'en doutes. Sokol et Donika ne sont probablement même pas leurs vrais prénoms. Je ne sais pas grand-chose de plus à leur sujet. Ce sont des sous-fifres qui travaillent pour d'anciens militaires du conflit d'ex-Yougoslavie. Leur passé et leurs projets ne m'intéressent pas. Ils veulent quelque chose que je possède, et moi, j'ai besoin de leurs compétences. »

Derrière la vitre, Tanja vit les Bernheim ouvrir une grosse caisse métallique et en sortir une petite boule qu'ils manipulèrent avec précaution. L'objet ressemblait à un gros puck de hockey sur glace, avec des imperfections qui rappelaient un peu les cratères d'une planète observée au télescope. On aurait dit une petite lune noire.

« Des compétences en physique nucléaire ? demanda Tanja.

— Tu as tout compris, répondit Judith.

— Uranium enrichi ? Plutonium ?

— Polonium 210.

— Où as-tu trouvé cette merde ?

— Grâce à Anui. Ne me demande pas comment son père a fait, mais il a réussi à faire sortir cette pastille du CEP quand il y travaillait et il l'a cachée chez lui à Anau pendant des décennies. Sans prendre de précautions particulières. Les radiations ont eu raison de lui. De sa femme et de son fils aussi. La "lune noire", comme ils disaient. Le jour où j'ai dit à Anui que ça valait un paquet d'argent, il m'a demandé de trouver un acheteur. Grâce à mon passé, ça n'a pas été très compliqué. Et un plan a germé dans mon esprit. »

Tanja regarda Judith et lui demanda :

« Mais qui es-tu ? »

Judith avait ouvert la bouche pour répondre quand on entendit une voix grésillante.

51

La voix de Sokol grésillait d'un vieux haut-parleur incrusté dans la paroi de béton.

« Nous avons presque terminé. Nous attendons vos instructions pour la suite.

— Que comptes-tu faire ? demanda Tanja à Judith.

— Ça ne te regarde pas.

— Une "bombe sale" ? C'est ça ? Le polonium 210 est un composant des bombes radiologiques. C'est pour ça qu'on est dans ce bunker souterrain ? »

Judith éclata de rire.

« Ma pauvre Tanja, tu regardes trop de films. Nous n'avons ni le savoir-faire, ni le matériel, ni la logistique pour fabriquer ce genre d'engins. Et je ne suis pas folle.

— Alors quoi ?

— On peut faire beaucoup de choses avec de la matière nucléaire. Des choses qui permettent de ne s'en prendre qu'à un seul homme sans commettre un génocide. J'aime cette île, j'aime ses habitants, j'aime y vivre. Je compte bien y finir mes jours. J'aurais aimé reposer à Atuona aux côtés de Paul Gauguin et de Jacques Brel, mais mon cimetière sera celui de Piti

A'au, avec mes tortues et ma fille dont j'ai rapatrié les cendres de métropole. »

Judith s'éloigna de Tanja et se dirigea vers un interphone placé près de la vitre du laboratoire. Elle pressa sur un bouton et annonça :

« Voici ce que nous allons faire : effacez les données d'Anui dans l'ordinateur et remplacez-les par celles du petit. Vous partirez avec lui et sa grand-mère. Je resterai ici avec sa mère.

— Judith, qu'est-ce que tu fais ? » demanda Tanja.

La sexagénaire ignora la question et ajouta à l'intention des Bernheim :

« Je vais lui administrer un tranquillisant, ce sera plus facile.

— Judith ! s'exclama Tanja. Utilise-moi, dis-moi ce que je dois faire, mais ne touche pas à Loran ! Tu m'as fait une promesse.

— Et je la tiendrai, répondit-elle. Ton fils ne risque rien, aussi longtemps que tu ne tentes rien contre moi. »

Judith se dirigea vers le sac étanche posé dans un coin de la pièce et en sortit le téléphone crypté de Tanja.

« Je présume que ton histoire de messages programmés était du bluff, n'est-ce pas ? Voilà le deal : ma promesse contre la tienne qu'aucun message ne sera envoyé. »

Tanja baissa la tête et murmura :

« C'était du bluff.

— J'en étais sûre. »

Judith remit le téléphone dans le sac, puis se dirigea vers une petite valise posée contre un mur de la pièce. Elle l'ouvrit, sortit un flacon et une seringue.

Elle planta l'aiguille à travers le couvercle du flacon et remplit le tube d'une solution incolore.

« Qu'est-ce que c'est ? demanda Tanja.

— Un sédatif sans danger pour ton fils. J'ai besoin qu'il se tienne tranquille dans les heures qui viennent. »

Judith s'approcha de Loran, la seringue dans une main. À la vue de l'aiguille, l'enfant se blottit contre sa mère.

« S'il lui arrive quoi que ce soit…, menaça Tanja.

— Il ne lui arrivera rien. Dis-lui de tendre le bras.

— Judith, je t'en supplie…

— Dis-le-lui ! »

Tanja baissa les yeux vers son fils et lui murmura :

« Loran, mon amour, ce n'est rien. Une toute petite piqûre. Tu ne sentiras presque rien. Tu en as déjà eu, tu te souviens ? Tends ton bras à la dame. »

L'enfant regarda sa mère, des larmes plein les yeux. Lentement, il tendit le bras vers Judith. La sexagénaire tapota au creux du coude, cherchant une veine. Puis elle piqua et injecta le liquide. Loran émit un petit cri et se remit à pleurer quand elle retira l'aiguille.

« C'est fini, mon amour, c'est fini », murmura Tanja.

Judith retourna vers la mallette et revint vers l'enfant avec des ciseaux et un rasoir. Le produit faisait déjà son effet, Loran commençait à somnoler.

« Qu'est-ce que vous allez lui faire ? grommela Erina qui, jusqu'ici, s'était tue.

— Je vais lui couper les cheveux, puis lui raser le crâne et les sourcils. Rien de bien méchant, rassurez-vous. »

Judith se mit à l'œuvre sous les regards inquiets d'Erina et de Tanja. L'enfant dormait sur les jambes de sa mère. Des mèches noires tombaient sur le sol, finition au rasoir.

Quand elle eut terminé, Judith fit un signe aux Bernheim. Sokol entra dans le sas, attendit que la douche de décontamination nettoie sa combinaison, puis il sortit du laboratoire avec une tablette numérique. Il s'approcha de Loran et posa, l'une après l'autre, les mains de l'enfant sur l'écran pour les scanner.

52

Une bonne heure, peut-être plus, s'était écoulée. Dans cet endroit du passé à l'abri de la lumière du jour, Tanja avait perdu toute notion du temps. Les Bernheim avaient fait des allers-retours entre le laboratoire et la pièce. Une fois l'indice de radiation revenu à la normale dans le labo, ils y avaient emmené l'enfant endormi, avaient passé un long moment avec lui, tandis que Judith regardait à travers la vitre sans rien dire. Puis ils avaient ramené Loran et l'avaient déposé sur le sol, la tête appuyée sur les genoux de sa grand-mère. Il dormait encore et respirait normalement. Ses mains étaient recouvertes d'étranges bandages argentés. On aurait dit qu'ils lui avaient mis des gants en aluminium.

« Qu'est-ce que vous lui avez fait ? » demanda Erina.

Judith ne répondit pas, elle parlait à voix basse avec les Bernheim à l'autre bout de la pièce, tandis qu'ils retiraient leurs combinaisons.

« Qu'est-ce qu'ils lui ont fait ? répéta Erina en s'adressant à sa fille.

— Je ne sais pas, murmura Tanja.

— *Unë do t'i vras ata !* Je vais les tuer !

— Non, maman. Tu ne vas rien faire du tout, tu vas leur obéir, un point c'est tout. Je vais trouver une solution pour nous sortir tous les trois d'ici vivants. Tu dois me faire confiance. Mais en attendant, tu vas faire exactement ce qu'ils demandent. C'est notre seule chance. »

Les Bernheim s'approchèrent, Sokol se pencha et prit Loran dans ses bras. Donika s'accroupit à côté d'Erina, éjecta la lame du couteau à cran d'arrêt et coupa les serre-câbles qui retenaient ses mains dans son dos.

« *Në këmbë, grua e moshuar !* ordonna Donika. Debout, vieille femme ! »

Erina obéit, comme le lui avait demandé sa fille. Les Bernheim quittèrent la pièce avec elle et Loran. Judith referma la porte du bunker derrière eux. Tanja et Judith étaient seules dans le bunker, face à face. Judith alluma une cigarette ; Tanja ne l'avait jamais vue fumer. Judith lui tendit la clope, Tanja refusa.

« J'ai arrêté.

— C'est vrai ? Pourtant, il reste pas mal de paquets dans les placards de ta cuisine. »

Tanja ignora la remarque.

« Qu'est-ce qui va se passer ? »

Judith lui sourit.

« Tu te souviens de Yasser Arafat et d'Alexandre Litvinenko ? »

La mort de l'ancien président palestinien remontait à 2004, celle de l'ancien agent des services secrets russes, à 2006. À l'époque, Tanja avait suivi les actualités et les rebondissements des deux enquêtes qui avaient fait grand bruit sur la scène internationale. Elle répondit d'une voix blanche :

« Empoisonnés tous les deux au polonium 210. Syndromes d'irradiation aiguë.

— C'est exact. Nous avons amélioré les techniques d'antan, avec des effets beaucoup plus rapides que par le passé. Plus besoin de parapluie bulgare ou de substance versée dans du thé. Aujourd'hui, une simple poignée de main suffit. C'était la mission d'Anui, mais ces imbéciles l'ont éliminé. C'est maintenant la mission de ton fils. »

Tanja comprit pourquoi Loran portait des "gants", et pâlit. Judith le remarqua et reprit :

« Je te rassure, ils ont placé une pellicule de protection entre la peau de ton fils et le poison. Il ne risque rien.

— Et tu crois vraiment que le président va serrer la main d'un enfant de deux ans ?

— Bien sûr que non, pas comme tu l'imagines. Mais as-tu déjà vu comment Macron se comporte avec les enfants lors de ses visites officielles ? Il adore les prendre dans les bras, il existe des centaines de photos d'enfants avec leurs petits bras autour du cou du président. Des photos qui font le buzz, des photos dont raffolent les médias, des photos qui accroissent la popularité de Macron. Crois-moi, quand il s'agira pour lui d'illustrer ses propos concernant les indemnisations dues aux victimes des essais nucléaires, il n'hésitera pas une seule seconde à prendre dans ses bras un enfant de deux ans victime d'un cancer, fût-il européen. »

Tanja comprit pourquoi Judith avait rasé les cheveux et les sourcils de Loran.

« Je comprends le désir de vengeance d'Anui dans

ce plan insensé, dit Tanja. Mais quel est ton intérêt à toi ?

— Le même qu'Anui. La vengeance.

— Pour quelle raison ? »

Le visage de Judith se ferma.

« Ma fille.

— Ta fille ? Tu m'as parlé d'un accident de voiture…

— C'est vrai. Ma fille est morte accidentellement, mais ce n'était pas un vrai accident. C'était moi qu'on visait.

— Qui ? Pourquoi ? »

Judith esquissa un vague sourire mélancolique.

« Avant de répondre à ces questions, il est préférable que je réponde à la première que tu m'as posée tout à l'heure : qui suis-je vraiment ? Je crains de ne plus le savoir moi-même, tant j'ai eu d'identités différentes. Des “légendes”, comme on dit dans notre jargon.

— Tu étais flic ? demanda Tanja.

— Pas tout à fait… »

53

Judith jeta son mégot sur le sol et l'écrasa nerveusement sous la semelle de sa tong.

« J'étais une agente du service Action de la DGSE, chargée de la planification et de la mise en œuvre des opérations clandestines. Dans les années 1980, j'étais basée à Tahiti. Mon nom de code était Orion.

— L'attentat contre le *Rainbow Warrior*... », murmura Tanja.

Judith soupira.

« Ça m'a fait drôle, l'autre jour, quand tu m'as parlé de cette affaire. J'ai cru un instant que la DGSE avait retrouvé ma trace et t'avait envoyée ici, à Bora-Bora, pour en finir avec moi.

— Ce n'est pas le cas.

— Pourtant, je constate que le nom de code Orion ne t'est pas inconnu. Or seuls les initiés le connaissent. À l'époque, les journalistes ne sont jamais remontés jusqu'à la quatrième équipe.

— J'ai mes sources, dit Tanja. En particulier les services de renseignements de la Confédération helvétique. Je suis une ancienne policière fédérale. J'ai pu lire un rapport confidentiel du MI6 sur l'affaire du *Rainbow Warrior*.»

Judith sourit.

«Je sentais bien que tu cachais un passé de ce genre. J'imagine que Tanja Stojkaj n'est pas ta vraie identité.

— Tu te trompes, je me nomme bien ainsi. Et toi ?

— Oh, je vis depuis si longtemps sous le nom de Judith Carpentier que tu peux continuer de m'appeler ainsi. Je ne suis d'ailleurs pas sûre de me souvenir de mon vrai nom.

— Que s'est-il passé avec ta fille ?»

Judith alluma une autre cigarette. Tanja remarqua qu'elle tremblait de nervosité.

«Après l'échec de l'opération "Satanique", l'affaire est devenue bien plus qu'un scandale médiatique et politique international. La France s'est embourbée dans ses mensonges. Pour tenter de s'en sortir, elle a lâché ses agents. Pas seulement le commandant Mafart et la capitaine Prieur – les faux époux Turenge –, mais aussi les agents des deux autres équipes, celles de l'*Ouvéa* et des nageurs de combat. Leurs vrais noms ont été donnés en pâture aux médias dans le cadre de fuites délibérément organisées par des membres du gouvernement. Pourtant, quand il ordonne une opération clandestine, le pouvoir politique a l'obligation de couvrir le nom de ses agents. Dans cette affaire, il ne l'a pas fait et il a violé la condition que l'amiral Lacoste avait posée pour accepter son licenciement sans faire de vagues. Par chance, mon équipe a échappé à cet acte de haute trahison et son existence n'a jamais été révélée. Mais quand j'ai voulu monter une opération pour faire évader Mafart et Prieur, on m'en a empêchée jusqu'en haut lieu et j'ai été mise sur le banc de touche. »

Judith soupira, tira une bouffée, recracha la fumée et reprit :

« À leurs yeux, je suis devenue une pestiférée. On m'a rapatriée à Paris avec ma fille, on m'a mise au placard avec les torchons et les serviettes. Et un jour, j'ai été convoquée, on ne voulait plus de moi. "Merci pour les services rendus", pas même une médaille. Tu cherches un job ? Aucune chance. Une mutuelle ? Tu ne remplis pas les conditions. J'ai pété un câble et j'ai menacé de révéler à la presse toutes les phases encore secrètes de l'opération « Satanique ». Lacoste avait été remplacé à la tête de la DGSE par René Imbot. L'agence avait créé la "cellule Alpha", une entité du service Action chargée d'éliminer des personnes. Et le gouvernement a utilisé sa nouvelle arme contre moi. »

Des larmes montaient aux yeux de Judith.

« Ce matin-là, Tania aurait dû être à l'école, mais elle ne se sentait pas bien. J'ai décidé de l'emmener chez le médecin. Et il s'est produit une chose que mes anciens collègues n'ont pas su prévoir, de même que nous n'avions pas imaginé à Auckland que le photographe Fernando Pereira retournerait dans sa cabine au moment de la seconde explosion. Le médecin ne pouvait nous recevoir que dans un créneau horaire limité, nous étions en retard. C'est ma fille qui a ouvert la portière de la voiture côté conducteur pour y déposer mon sac à main, pendant que je me débattais encore avec mes clés pour verrouiller la porte de mon appartement, à seulement quelques mètres de là. Le souffle de l'explosion m'a plaquée contre la porte, j'en garde encore aujourd'hui des traces dans la chair de mon dos. Et dans mon âme.

— Un accident de voiture…, murmura Tanja.

— C'est comme ça que nous appelions ce genre d'opérations dans notre jargon. Voilà comment l'État vous remercie quand vous travaillez dans l'ombre pour lui.

— Qu'est-ce qui s'est passé ensuite ?

— J'ai fait ce que je savais faire de mieux : disparaître. Des pulsions suicidaires m'ont poussée à m'engager comme mercenaire, d'abord dans des conflits en Afrique, puis aux côtés des Kosovars durant la guerre d'ex-Yougoslavie. Et quand j'en ai eu marre de ces conneries, je suis revenue en Polynésie. J'imaginais que ce coin de paradis m'apporterait la sérénité, mais je me trompais. On ne peut pas effacer les fantômes du passé, je n'ai jamais réussi à faire le deuil de ma fille. Comme tu me l'as si bien dit, une mère ne devrait jamais survivre à son enfant. »

Judith termina sa deuxième cigarette et l'écrasa au sol comme la première.

« En 2000, j'ai participé à la création du sanctuaire des tortues. Ce projet a redonné un sens à ma vie. Jusqu'au jour où j'ai fait la connaissance d'Anui. Les gens d'ici évitaient cet homme au comportement étrange, je crois que ses handicaps les effrayaient. Moi, je l'ai trouvé touchant, on a sympathisé. Il m'a raconté son histoire, celle de son père, de la "lune noire". Au début, j'ai pensé qu'il délirait, puis j'ai compris. Anui a découvert la pastille de polonium dans une petite caisse métallique, quand il a mis de l'ordre dans les affaires de son père. Il ne s'est pas méfié, l'a manipulée sans précaution. Et sa mère et lui en ont fait les frais. »

Judith ralluma une troisième cigarette, elle tremblait de plus en plus. Mais, dans son regard, la tristesse avait cédé sa place à la colère.

« Ensuite, tout s'est enchaîné. Une certaine confiance s'était installée entre nous, Anui m'a montré la "lune noire". Je lui ai dit que la cause des malheurs de sa famille valait beaucoup d'argent, qu'avec cet argent il pourrait peut-être se soigner et soigner sa mère. Il m'a demandé de trouver des acheteurs. J'ai activé les contacts que j'avais gardés au Kosovo, d'anciens militaires qui faisaient du trafic d'armes avec la Russie et ses anciennes républiques. Parallèlement à ces démarches, j'ai appris que le président Macron préparait un voyage en Polynésie pour s'exprimer sur les essais nucléaires. Anui et moi avions un même ennemi commun : l'État français. Et un plan a germé dans mon esprit.

— Une double vengeance.

— Exactement. C'était l'occasion rêvée. Elle ne se produirait pas deux fois.

— Et Caroline ? »

54

Le visage de Judith redevint triste.

« Caroline ? Je l'aimais bien, cette petite écervelée. Elle me rappelait un peu moi à son âge, fougueuse, idéologique, décidée à réparer les injustices de ce monde. Elle ne vivait que pour son travail, ses deux passions : l'écologie et la sauvegarde des tortues.

— Que s'est-il passé ? demanda Tanja.

— Quand Anui venait me voir au sanctuaire, il faisait du charme à Caroline. Mais elle ne l'aimait pas, elle disait qu'il faisait semblant de s'intéresser aux tortues. Je crois qu'elle avait peur de lui, à cause de son apparence et de ses attitudes étranges. Caroline enquêtait sur des braconniers et elle s'était mise à suspecter Anui d'être une taupe à leur service. J'ai essayé de la convaincre du contraire, mais elle ne m'a pas écoutée. La nuit où j'ai présenté Anui aux Bernheim, Caroline m'a suivie et elle s'est faufilée en douce sur le *Barracuda*. Nous l'avons surprise, cachée sur le pont. Elle avait tout entendu.

— Et vous l'avez éliminée.

— Ça aurait pu passer pour un accident. Mais il a fallu que tu t'en mêles et que le légiste fasse du zèle.

— Qui a assassiné le docteur Temauri ? Lettermann ?

— Le major ? »

Judith éclata de rire et reprit :

« Bien sûr que non ! La gendarmerie n'est pas impliquée. Lettermann n'est qu'un officier en bout de carrière. Moins il a d'emmerdes, mieux il se porte. Les Bernheim se sont occupés du légiste.

— Pourquoi cette mise en scène sordide ? Pourquoi lui avoir arraché le cœur ?

— Ce n'est pas moi qui ai choisi les Bernheim pour cette mission. J'avais besoin de personnes dotées de compétences en physique nucléaire, mon contact au Kosovo me les a envoyées. Il s'est bien gardé de me dire que les Bernheim étaient psychopathes. Surtout Donika.

— Il n'y a pas de génie sans folie. »

Judith sourit.

« Aristote… Je vois que tu connais tes classiques.

— La citation est faite sur mesure pour toi, Judith. Si j'ai bien compris, tu t'apprêtes à vendre de la matière nucléaire à des criminels, en échange d'un petit coup de main pour assouvir ta vengeance contre l'État français et d'une confortable somme d'argent, puisque tu n'auras plus à la partager avec Anui et sa mère. Une fois Macron assassiné, tu restitueras la caution à tes acheteurs et tu leur livreras le polonium. Que feras-tu ensuite ? Es-tu prête à vivre avec l'idée que des terroristes puissent faire exploser une "bombe sale" avec ton matériel ? »

Judith écrasa sa troisième cigarette sur le sol et répondit péremptoirement :

« Je ne suis pas folle. Jamais les Bernheim ne repartiront d'ici avec le polonium. Il y a déjà suffisamment de fous dans ce monde, qui ont oublié les erreurs du passé et qui brandissent la menace nucléaire. Hiroshima et Nagasaki n'étaient que des amuse-bouches en comparaison de la puissance des bombes atomiques actuelles. Je ne suis pas un monstre.

— Tu comptes doubler tes acheteurs ?

— Ça a toujours été mon plan. Profiter des compétences des Bernheim, les éliminer une fois l'opération de ce soir terminée et disparaître avec l'argent de la transaction.

— Et la caution de quinze millions de dollars.

— Bien entendu. Je ne vais pas cracher sur ce petit bonus.

— Et mon fils, ma mère et moi ? Quel sort nous réserves-tu dans ton plan ?

— Vous seriez déjà morts, si j'en avais décidé ainsi.

— Je suppose que je dois te remercier ?

— Ne te réjouis pas trop vite. Il existe toujours un risque que mon plan échoue. Si je meurs et que les Bernheim s'en tirent, je compte sur toi pour les empêcher de quitter ce territoire avec le polonium. C'est une des raisons pour lesquelles tu es toujours en vie et pour lesquelles je t'ai parlé du *Barracuda*. J'ai d'ailleurs installé dans ton téléphone l'application qui permet de localiser le bateau. Si j'échoue, retrouve-les et tue-les ! »

Tanja regarda Judith droit dans les yeux.

« S'il arrive le moindre malheur à ma mère et à mon fils, c'est toi que je tuerai la première. »

Judith lui sourit tristement et répondit :

« Je te l'ai dit, je suis déjà morte depuis longtemps. »

Elle regarda sa montre et ajouta :

« Maintenant, il est l'heure de regarder la télévision. »

55

La journaliste de Polynésie La 1re était à l'antenne, avec sa fleur de tiaré dans ses longs cheveux noirs et son léger accent des îles. Derrière elle, il y avait une tribune décorée de végétation tropicale. Au centre, un pupitre de conférence, blanc avec une cocarde aux couleurs de la France. D'un côté du pupitre, les drapeaux européen et français. De l'autre, le drapeau polynésien.

« Dans quelques secondes, Emmanuel Macron va prononcer son allocution à Vaitape, chef-lieu de Bora-Bora. Nous vous proposons de la suivre en direct sur notre chaîne. »

D'autres caméras montrèrent la salle comble, les invités officiels au premier rang. Quand le chef de l'État entra dans la salle et monta sur l'estrade, les gens se levèrent et lui firent une ovation. Sur son costume bleu marine, le président portait toujours les colliers de fleurs autour du cou.

Emmanuel Macron salua l'assemblée d'un geste de la main, les gens se turent et s'assirent. Puis il prit la parole, débuta par les interminables salutations protocolaires et termina par ces mots :

« *Tatou paa to'a ia orana ! Mauruuru no teie arui ! Mauruuru no ta utou fa'ari'i ra'a !* Bonjour à tous ! Merci de votre présence ! Merci de votre accueil ! »

Nouvelle ovation. Le président reprit :

« Avant de quitter le *Fenua*, je tenais à vous dire que j'ai vécu tellement de choses à vos côtés que je ne pourrais les résumer dans un discours. Je n'oublierai jamais chacun des instants que j'ai passés aujourd'hui en votre compagnie. Jamais. Mais permettez-moi d'abord d'adresser à travers vous un message à tous nos compatriotes des outre-mer… »

Macron poursuivit son allocution en parlant brièvement de la Nouvelle-Calédonie, de Wallis-et-Futuna, avant d'aborder les questions plus spécifiques à la Polynésie. La bataille économique et sociale, la préservation de l'emploi, l'insertion des jeunes, le développement du tourisme, la solidarité de la France envers un territoire qui, pourtant, ne payait pas l'impôt. Le président aborda aussi des sujets aussi divers que le respect des différences culturelles et des traditions, les violences faites aux femmes et l'intensification de la lutte contre le trafic de méthamphétamine. La conclusion de chaque thème était suivie d'un concert d'applaudissements.

Puis le président aborda le sujet central de son voyage :

« Nous devons faire davantage face aux nouveaux cancers, réussir à développer des compétences en oncologie, pour les conditions d'un diagnostic précoce de traitements adéquats, créer un accès aux meilleures thérapies, qu'il s'agisse de chirurgie ou de traitements à domicile. C'est pourquoi je veux, ce soir, prendre un engagement vis-à-vis de vous. Permettre de développer de la recherche, des essais cliniques, mais aussi des traitements, ici, en Polynésie française. C'est pourquoi j'ai souhaité que le gouvernement de la Polynésie française puisse s'appuyer sur les meilleurs spécialistes réunis autour de l'INCa. Nous allons bâtir un partenariat nouveau en matière d'oncologie, qui permettra, avec le Centre hospitalier de Bordeaux, Unicancer et l'INCa, de développer un pôle de cancérologie sur les cancers nouveaux. Je m'y engage. »

Tonnerre d'applaudissements. Macron changea de visage et prit un air plus grave.

« Au-delà de ces annonces, je tiens à vous adresser un message, en toute sincérité. J'ai aussi entendu des doutes. J'ai vu parfois des manifestants, parfaitement pacifiques, respectueux. J'ai vu des associations. J'ai entendu. Notre plus beau trésor, c'est la confiance, et je sens qu'il y a une ombre portée à cette confiance. Et même si beaucoup n'en parlent pas, car votre tempérament n'est pas de revendiquer, de manquer de respect, je ne ferais pas pleinement mon travail et je ne serais pas sincère avec vous si je ne parlais pas de cette part d'ombre, de ce doute qui s'est installé. Il y a un doute, avec la République, avec la France. Ce doute, il est lié au nucléaire. »

Le président marqua une brève pause sur ce dernier mot, un mot fort qui méritait un silence, puis il reprit :

« Je sais toutes les attentes qu'il y a sur ce sujet. Ce soir, devant vous, je veux assumer, tout assumer. Assumer sans facilité, avec vérité et responsabilité. J'assume que les choix faits à l'époque par le général de Gaulle de doter la France de la puissance nucléaire et donc de lui donner l'arme de la dissuasion étaient des choix forts, utiles à la nation, et qui nous renforcent aujourd'hui. Je vous le dis en conscience, en tant que président de la République. Je pense que ce choix était important, visionnaire et courageux. Pour se doter de l'arme, il fallait faire des essais, et il est vrai que ces essais ont été faits sur le sol algérien, puis ici, en Polynésie française. Et je vais vous dire très franchement les choses : c'est vrai qu'on n'aurait pas fait ces mêmes essais dans la Creuse ou en Bretagne. On l'a fait ici, parce que c'était plus loin, parce que c'était perdu au milieu du Pacifique, parce que ça n'aurait pas les mêmes conséquences. Est-ce que j'aurais fait autrement si j'avais été à leur place ? Je serais incapable de vous le dire. Mais c'est ce qui s'est passé. En se dotant de l'arme nucléaire, la France a renforcé sa puissance et sa sécurité. Elle en garde une dette à l'égard de la Polynésie française. »

Nouvelle salve d'applaudissements.

« Cette dette est le fait d'avoir abrité ces essais, et en particulier les essais nucléaires entre 1966 et 1974, dont on ne peut absolument pas dire qu'ils étaient propres. Mais je veux aussi vous dire clairement que nos scientifiques et nos militaires qui les ont faits à l'époque ne vous ont pas menti. Je ne veux pas que cette relation de confiance, en particulier avec nos armées et nos scientifiques, puisse être l'objet de quelque doute ou quelque voile. Parce que nos militaires ont pris les mêmes risques, se sont baignés dans les mêmes eaux, avec la même conviction qu'il n'y avait pas de danger. Il n'y a pas eu de mensonge. Il y a eu des risques pris et qui n'étaient pas parfaitement mesurés, parce qu'on ne les connaissait pas suffisamment. Trop longtemps, l'État a préféré garder le silence sur ce passé, ces trente années d'explosions successives. Ce que je veux briser aujourd'hui, c'est ce silence, pour que tout le monde puisse savoir ce qui a été fait, ce qui était su alors et ce que l'on sait aujourd'hui. J'assume notre histoire, mais l'histoire se construit ensemble, dans la vérité et la transparence. »

Le président s'engageait à ouvrir toutes les archives, réitérait son intention d'accélérer les procédures d'indemnisation des victimes et d'agir de manière proactive, pour identifier celles qui n'auraient encore que des symptômes. Il promit de renforcer les moyens humains et financiers du Comité d'indemnisation des victimes d'essais nucléaires, de prendre à la charge de l'État les coûts de dépollution des sites touchés par les essais. Et termina son allocution par la phrase traditionnelle :

« Vive la Polynésie française, vive la République, vive la France ! »

56

L'allocution d'Emmanuel Macron avait duré un peu plus d'une heure. Le président descendait de l'estrade pour serrer les mains des officiels quand Judith alluma une nouvelle cigarette. Elle regarda le cadavre à ses pieds et dit : « Quelque part, je suis presque soulagée qu'Anui n'ait pas entendu ce discours. Il ne l'aurait jamais supporté. »

Tanja ignora la remarque. Elle ne quittait plus l'écran de télévision des yeux, cherchait sa mère et son fils parmi la foule. Les caméras de Polynésie La 1re balayaient la grande salle, tandis que la journaliste annonçait la suite de la visite présidentielle dans le Pacifique. Le chef de l'État s'envolerait demain matin pour les îles Marquises.

La délégation se dirigeait désormais vers la sortie, canalisée dans la foule par les services de sécurité et la gendarmerie. Macron s'arrêtait çà et là, échangeait aimablement quelques mots avec des autochtones, serrait des mains, le visage parfois souriant, parfois grave. Les micros ne captaient pas tous ses propos.

Tanja se figea soudain. Quelques mètres plus loin, sur le trajet du président, elle reconnut sa mère, debout derrière Loran. Erina tenait l'enfant par la taille. Il était assis sur une barrière Vauban et faisait face au défilé. Loran était réveillé, mais avait l'air un peu léthargique. Sans ses cheveux et ses sourcils, il donnait vraiment l'illusion d'être malade. Il ne portait plus ses gants.

Le cortège présidentiel avançait lentement, au rythme des arrêts fréquents de Macron. Les caméras de la télévision le suivaient.

Quand le chef de l'État vit Loran, il s'avança vers lui et s'adressa à Erina. Le caméraman fit un gros plan sur le trio. Tanja remarqua que sa mère ne répondait pas. Elle avait l'air tétanisée, semblait hésiter.

Macron tendit les bras avec le sourire, pour rassurer l'enfant et le convaincre de se laisser porter.

Derrière Loran, Erina s'était mise à trembler de nervosité. Elle se tourna vers la caméra, regarda le président, fixa à nouveau la caméra. Les yeux de Tanja plongèrent dans ceux de sa mère. Erina semblait perdue, comme si elle attendait que quelqu'un lui dicte la conduite à adopter. Et là, Tanja comprit.

Ce n'était pas l'objectif de la caméra que sa mère regardait, elle regardait sa fille. Erina savait que Tanja suivait la scène en direct sur l'écran de télévision du bunker.

Les lèvres d'Erina remuèrent, Tanja devina ses mots. « *Unë të dua !* Je t'aime ! »

À nouveau, Tanja comprit. Et elle pâlit.

« Non, maman, murmura-t-elle, pas ça… Je t'en supplie, ne fais pas ça… »

Dans le bunker, les deux femmes assistaient impuissantes à la scène.

Erina se tourna brusquement vers Loran. Elle le souleva de la barrière, le retourna contre elle, le blottit dans ses bras et s'éloigna d'un bon mètre.

Surpris, Macron baissa les bras et regarda, sans comprendre, cette vieille femme qui lui refusait le droit de porter son enfant malade. Il lui sourit et poursuivit son chemin.

Dans le bunker, Tanja se figea. Comprenant la situation, son cœur se serra dans sa poitrine, son sang se glaça. Le caméraman qui avait immortalisé l'incident continuait de filmer sa mère et son fils. L'enfant pleurnichait, il avait passé les bras autour du cou de sa grand-mère. Les mains de Loran étaient posées sur les épaules nues d'Erina.

57

Les Bernheim regagnèrent le bunker une quarantaine de minutes après l'attentat manqué. Donika entra la première dans la pièce, portant Loran. En voyant son fils en vie, Tanja sentit l'espoir reprendre le dessus. L'enfant était réveillé, mais encore un peu groggy. On lui avait remis ses gants.

« Où est Sokol ? demanda Judith.

— Il arrive avec la vieille.

— Vous avez été suivis ?

— Non. Personne ne s'est douté de rien.

— Parce que vous avez échoué !

— À cause de la vieille. »

Judith était énervée, elle essayait de garder son calme, de réfléchir à la suite. Elle ordonna :

« Donika, emmène le petit dans le labo, nettoie ses mains et enlève le film de protection qui recouvre ses bras. »

La femme s'exécuta ; elle se dirigea vers la porte, posa Loran et prit sa combinaison.

« Tu n'as pas besoin de ça, lui dit Judith. Ne perds pas inutilement ton temps. »

Donika hésita, regarda par la vitre du labo et

consulta un indicateur contre le mur. Le compteur Geiger confirmait ce que venait de dire Judith. Elle reprit l'enfant dans ses bras et franchit le sas.

Au même moment, Sokol entra dans le bunker, l'air essoufflé. Il soutenait Erina tant bien que mal ; elle semblait épuisée, léthargique, sa peau était très pâle, légèrement jaunie. En la voyant, Tanja s'écria : « Maman ! »

Erina entendit à peine la voix de sa fille, elle fit un effort pour relever la tête, ses yeux étaient mi-clos. Tanja remarqua que sa mère bavait de l'écume, du vomi avait coulé sur son paréo.

La voix mêlée de haine et de détresse, Tanja cria à Judith :

« Il faut la conduire à l'hôpital !

— Ne sois pas ridicule, répondit froidement la sexagénaire. Tu sais bien que c'est impossible.

— Meurtrière ! » ragea Tanja entre ses dents, en essayant vainement de se débattre pour défaire ses liens.

Judith ne réagit pas, elle se tourna vers Sokol.

« Pourquoi n'avez-vous pas appliqué le plan B ?

— Parce qu'il y avait des fouilles à l'entrée de la salle. Nous avons dû laisser nos armes dans le véhicule.

— Vous n'aviez qu'à attendre le président à la sortie !

— C'est ce que nous avons fait, mais avec la configuration des lieux et le dispositif de sécurité, c'était impossible. »

Judith ne décolérait pas.

« Dois-je vous rappeler les termes de notre contrat ?

La vie de Macron contre le remboursement de la caution. Que diront vos patrons quand ils sauront que vous leur avez fait perdre quinze millions de dollars ?

— Ce n'est pas notre faute, se défendait Sokol. C'était à vous de prévoir les réactions de la vieille. »

Judith désigna Donika derrière la vitre du labo.

« C'est elle qui a éliminé Anui sans réfléchir.

— Il allait me tuer.

— Parce que vous aviez assassiné sa mère. Depuis le début, je vous ai fait confiance, mais vous avez multiplié les erreurs grossières. Caroline, le docteur Temauri, la mère d'Anui. Au lieu de rester sagement dans l'ombre, planqués derrière les passeports suisses que je vous ai fournis, vous vous êtes comportés comme des amateurs.

— On va rattraper le coup demain matin à l'aéroport. Le président…

— Oubliez le président, coupa sèchement Judith. C'est trop tard. Maintenant, il faut effacer nos traces.

— Très bien. Que fait-on du polonium ?

— Je l'emporte sur le bateau. Je vous attendrai au point d'exfiltration. Nous contacterons vos patrons et renégocierons les termes du contrat. En attendant, faites tout disparaître ici, utilisez les explosifs qui sont dans le labo.

— Que fait-on des deux femmes et du petit ?

— J'emmène l'enfant sur le *Barracuda*. J'ai fait une promesse à sa mère et je compte bien la tenir. En revanche, débarrassez-vous des deux femmes. Faites ça vite et proprement ! Pas de souffrances inutiles. Mais attendez que je sois loin d'ici avec le petit. »

LA MORT DE TANJA STOJKAJ

58

Sokol avait déposé Erina contre le mur, à côté de Tanja, puis rejoint Donika dans le labo. Les Bernheim commencèrent à miner le bunker avec des pains de plastic.

Erina avait appuyé sa tête contre l'épaule de sa fille, elle respirait difficilement. Judith prit Loran par la main et le conduisit face à sa mère et à sa grand-mère.

« Tu peux leur dire au revoir, dit la sexagénaire à l'enfant.

— *Nënë* », murmura Loran en se blottissant contre Tanja.

Elle aurait voulu prendre son fils dans ses bras, mais les liens l'en empêchaient. Elle déposa un baiser appuyé sur son crâne chauve, sentit les larmes lui monter aux yeux.

« Tout ira bien, mon amour. Cette dame s'occupera bien de toi, tu verras. »

Judith tira gentiment l'enfant à elle. Puis s'agenouilla devant Tanja. Les deux femmes se regardèrent dans les yeux.

« Ordure, murmura Tanja.

— J'accepte le qualificatif, répondit Judith.

— Je te retrouverai.

— Peut-être. Ou peut-être pas. Qui sait ? »

Judith se pencha vers Tanja, l'embrassa sur la joue et lui chuchota à l'oreille :

« J'aurais aimé te connaître dans d'autres circonstances. Adieu, ma belle. »

Et elle glissa furtivement un objet dans les mains de Tanja. Judith quitta le bunker avec Loran. Tanja et Erina se retrouvèrent seules avec les Bernheim qui continuaient le minage, sans se soucier des deux femmes. Tanja tourna la tête vers sa mère et chuchota :

« Tiens bon, maman. Je vais trouver une solution pour nous sortir d'ici, mais tu dois t'accrocher. »

Elle n'obtint en retour qu'un vague gémissement. Tanja interpella Donika :

« *Hej ti, kurvë !* »

La femme la regarda, son visage se durcit et elle s'approcha.

« C'est moi que tu traites de pute ?

— Tu en vois une autre, ici ? »

Donika éclata de rire.

« La pute, elle va te tuer. Je m'en chargerai personnellement et je veillerai à ce que tu regrettes tes paroles. Tu vas crever à petit feu, tu vas me supplier de t'achever, mais je n'en ferai rien. Je te regarderai jusqu'à ce que la lumière s'éteigne dans tes yeux. Et quand j'en aurai fini avec toi, je t'arracherai le cœur comme je l'ai fait avec ce connard de toubib.

— C'est la seule façon que tu as trouvée de jouir, n'est-ce pas ? »

Tanja montra Sokol, un peu plus loin dans la pièce, et continua :

« Quel est le problème entre vous ? Il est impuissant ? Ou peut-être que tu ne l'attires plus, tout simplement ? »

La femme s'accroupit face à Tanja et approcha son visage tout près du sien. Tanja pouvait sentir son haleine.

« Et toi, persifla Donika, pourquoi tu aimes les femmes ? Tu es surprise que je le sache ? Judith n'aurait même pas eu besoin de me le dire, je lis en toi comme dans un livre ouvert. Trop d'hommes t'ont déçue au cours de ta vie ? Le père de ton fils ? Qui sait ? Peut-être même que ton môme est le fruit d'un viol ? C'est ça ? »

Les deux femmes se toisèrent avec mépris. Donika éclata une nouvelle fois d'un rire sonore. Elle leva les yeux au plafond pour appuyer son hilarité exagérée.

Tanja fut plus rapide que l'éclair. Son bras droit libéré décrivit un arc de cercle devant elle. Précis et meurtrier. La lame du couteau à cran d'arrêt trancha la gorge de Donika de part en part. Son rire stoppa net et se transforma en un horrible gargouillis. Elle baissa la tête et, d'instinct, porta les mains à son cou. Le sang s'échappait à travers ses doigts. Les yeux grands ouverts de Donika fixaient Tanja sans comprendre. Puis ils se fermèrent et elle s'affaissa.

Sokol, trop occupé à relier deux pains de plastic par un filin métallique, ne comprit pas tout de suite ce qui se passait. Quand il tourna la tête, il était trop tard.

Lancé avec force, à trois ou quatre mètres de distance, le couteau s'enfonça juste au-dessous de son œil gauche. L'Albanais hurla, recula d'un pas comme s'il voulait échapper à la douleur, et buta contre le mur. Une seconde plus tard, Tanja était déjà sur lui.

Sokol ne put rien faire. La main de son assaillante avait déjà saisi le manche du couteau. Elle ne le retira pas de la plaie, mais, au contraire, appuya de toutes ses forces. La lame s'enfonça jusqu'au cerveau, provoquant le craquement des os sur son passage.

59

Le silence était revenu dans le bunker. Tanja retira le couteau de l'œil de l'Albanais. Elle essuya la lame contre son paréo et la rétracta. Puis elle se redressa et grimaça de douleur. Instinctivement, elle regarda son abdomen. Du sang maculait le flanc droit de son vêtement ; pas le sang de Sokol, le sien. Sa blessure s'était rouverte.

Elle souleva son paréo et retira le pansement. Des fils avaient sauté, mais ce n'était pas aussi grave qu'elle le craignait.

Tanja regarda ensuite sa mère. Erina s'était affaissée sur le côté et semblait inconsciente. Elle se précipita vers elle.

« Maman ! Maman, réveille-toi ! »

Erina semblait au plus mal, elle ne réagissait plus. Sous sa peau qui avait viré au jaune pâle, de petits éclairs rosés étaient apparus. Des vaisseaux sanguins s'étaient rompus. Erina saignait aussi du nez.

« Maman, je t'en supplie, réveille-toi ! »

Tanja se mit à secouer Erina, d'abord gentiment, puis plus énergiquement. Sa mère rouvrit les yeux ;

des pétéchies striaient la sclérotique, le blanc de l'œil avait viré au rouge.

« Ma fille…, murmura-t-elle.

— C'est moi, maman. On est libres ! Tiens bon ! Je t'emmène à l'hôpital. »

Tanja regarda autour d'elle et aperçut son sac étanche dans un coin de la pièce.

« Je reviens », dit-elle.

Elle alla chercher le sac, sortit son téléphone et regarda l'écran. Il n'y avait pas de réseau, il fallait quitter cet endroit souterrain au plus vite, remonter à la surface. Dans le sac, son pistolet avait disparu, sans surprise. Tanja remit le téléphone et le couteau dans le sac qu'elle glissa sur son dos.

« Un petit effort, maman. Tu dois m'aider, sinon on ne va pas y arriver. »

Erina ne répondait pas. Tanja eut l'impression que sa mère pesait une tonne, son corps était mou. Jamais elle n'aurait la force de tenir debout toute seule. Tanja passa le bras gauche de sa mère par-dessus ses épaules et la soutint par la taille. Puis elle la traîna vers la porte métallique du bunker, laissant derrière elle les cadavres d'Anui, de Donika et de Sokol.

La porte était restée ouverte depuis le départ de Judith et de Loran. Après la porte, l'escalier grimpait dans le noir, seule la faible lumière du bunker éclairait vaguement les premières marches humides qui luisaient dans la pénombre. La montée de l'escalier fut un calvaire. Tanja dut s'arrêter à plusieurs reprises pour poser sa mère, reprendre son souffle, puis relever sa mère avec une meilleure prise. Tanja transpirait malgré le froid, Erina aussi mais pas pour les mêmes raisons. Elle était brûlante de fièvre. Leur peau glissait l'une contre l'autre. Plusieurs fois, elles manquèrent tomber.

Quand elles atteignirent enfin la petite dalle en béton qui précédait la porte supérieure du bunker, Tanja s'effondra, exténuée, entraînant Erina dans sa chute. Elle retint sa mère comme elle put, puis la coucha sur le sol. Au prix d'un effort surhumain, Tanja se releva et marcha en chancelant jusqu'à la porte. Elle la poussa, le métal grinça.

Dehors, il faisait nuit. Tanja eut l'impression d'être cueillie par une vague de chaleur. Devant la sortie, les restes d'un vieux muret arrondi, une ancienne fortification de la Seconde Guerre mondiale qui dominait le bord de l'île, marquait l'emplacement d'un gros canon pointé vers l'horizon. La longue silhouette se détachait dans le clair de lune. En contrebas, on devinait le lagon, un atoll et, plus loin, l'océan.

Tanja retira son sac de son dos et sortit son téléphone. Il y avait un peu de réseau, et l'appareil émit deux notifications. La première provenait du cheval de Troie que Tanja avait installé pour localiser Matthias Hodler. La seconde était d'origine inconnue.

Tanja retourna vers sa mère, s'accroupit à côté d'elle et passa un appel.

« Bonsoir. J'ai besoin d'une ambulance. C'est urgent.

— Vous êtes à la gendarmerie, madame.

— Je sais. Mais je ne sais pas quel numéro appeler. Je ne suis pas d'ici. Ma mère est en train de mourir. Je vous en supplie, faites le nécessaire.

— Où êtes-vous ?

— Je… je ne sais pas. Il y a un bunker, de la végétation autour, et un gros canon de la dernière guerre…

— Il y a plusieurs canons sur l'île, madame. Calmez-vous et essayez de me décrire plus précisément l'endroit où vous vous trouvez… Madame ? »

Erina avait agrippé le poignet de Tanja et tiré vers le bas sa main qui tenait le téléphone.

« Qu'est-ce que tu fais ? murmura Erina.

— J'appelle les secours, maman. »

Tanja crut percevoir un semblant de sourire sur les lèvres bleutées de sa mère. Sa voix était très faible.

« Raccroche.

— Mais, maman…

— Raccroche, ma fille. Il est trop tard pour moi et tu le sais. Tu dois sauver Loran. »

Tanja entendait la voix du gendarme qui insistait à l'autre bout du fil. Elle raccrocha et se mit à pleurer.

« Maman.

— Tu as fait tout ce que tu pouvais pour nous préserver, Loran et moi. Tu en as fait bien assez et même trop. C'est dans ta nature et je suis fière de toi, ma fille. Maintenant, tu dois me laisser partir et sauver ton fils. »

Erina leva péniblement sa main vers le visage de Tanja et lui caressa la joue.

« Je t'aime, ma fille. »

Les larmes de Tanja ne tarissaient pas.

« Moi aussi, je t'aime, maman.

— Promets-moi de sauver Loran.

— Je te le promets.

— Et dis-lui combien sa grand-mère l'aimait.

— Je le lui dirai, maman. »

Erina esquissa un dernier sourire, ses yeux se fermèrent, ses forces l'abandonnèrent, son bras quitta la joue de sa fille et retomba mollement sur sa poitrine. Elle cessa de respirer.

60

Égarée dans la forêt, quelque part entre l'emplacement du bunker et la route périphérique de l'île, Tanja marchait comme un zombie, son cerveau ne fonctionnant plus de manière rationnelle. La douleur mentale annihilait celle, physique, de sa blessure. Tanja était détruite.

Elle revivait sa fuite de la Suisse, tout ce qu'elle avait fait pour protéger sa famille et la mettre à l'abri. Elle avait échoué. Elle avait violé tous les interdits pour parvenir à ses fins, commis des infractions graves, menti au commissaire Garcia, au procureur Jemsen et même à Flavie. Mais les assauts du destin l'avaient rattrapée. Flavie…

Machinalement, Tanja ressortit son téléphone du sac et consulta le message du cheval de Troie. C'était une localisation du portable de Matthias Hodler, avenue de Bellevaux à Neuchâtel. Tanja connaissait cette adresse, c'était celle de Jemsen. L'assassin se jouait du procureur et de la police. Elle envoya un texto à Flavie, avec la localisation en pièce jointe. Ses doigts tapèrent le texte d'accompagnement mécaniquement, comme l'aurait fait un robot, comme si tout se passait bien. Flavie ne devait surtout pas se douter que Tanja allait mal.

« Salut, ma belle, voici une nouvelle localisation toute récente de Lovenature. Soit ce gars est naïf, soit il le fait exprès pour vous provoquer. Bises. »

Puis Tanja consulta le second message d'origine inconnue. C'était aussi une carte de type Google Maps, sauf que c'était celle de Bora-Bora. Un point rouge indiquait un endroit proche de la barrière de corail, côté océan, au sud de la passe de Tevanui.

La phrase de Judith revint à l'esprit de Tanja. « J'ai installé dans ton téléphone l'application qui permet de localiser le bateau. » Avant de quitter le bunker, Judith avait dit aux Bernheim qu'elle les attendrait sur le *Barracuda* au point d'exfiltration. Puis elle avait donné à Tanja le moyen de s'échapper.

Depuis le début, Judith n'était que contradictions. Pourquoi avait-elle ouvertement parlé aux Bernheim du lieu de rendez-vous devant Tanja ? S'agissait-il d'un piège ? Que cherchait Judith exactement ?

Tanja atteignit la route périphérique de l'île, peu d'habitations, pas de lumière. De l'autre côté de la route, un bâtiment non éclairé. C'était un petit commerce fermé. Sur la devanture, on pouvait lire : « Ferme perlière ».

Tanja traversa et contourna le bâtiment au bord de l'eau. À l'arrière, il y avait un petit ponton et trois bateaux amarrés. Trois coquilles de noix en bois, à moitié pourries, dont le moteur ne tenait que par des renforcements bricolés à la petite semaine. Aucun des trois bateaux ne pourrait supporter une forte houle. Par chance, les eaux du lagon étaient calmes.

Tanja monta dans le moins vermoulu et détacha les

amarres. Elle s'assit sur l'unique banquette, à l'arrière près du moteur, posa le sac étanche à ses pieds, à côté d'une paire de rames, et ouvrit le bouchon du réservoir. Il était presque plein. Elle le revissa et inspecta rapidement le vieux moteur. Pas de dispositif spécial de sécurité, pas de clé. Elle tira sur une corde, l'engin pétarada, un nuage de fumée s'en échappa. Elle saisit la poignée de direction, s'écarta du ponton et mit le cap au sud.

Tanja se guidait grâce au système de localisation du *Barracuda*. Elle se remémora son tour de l'île en jet-ski, devina plus ou moins où elle était. Sur sa gauche, la baie de Faanui ; sur sa droite, l'atoll de Tevairoa. La passe était un peu plus au sud.

Le chenal qui s'ouvrait sur le grand large était marqué par des bouées lumineuses vertes et rouges. Un léger vent de mer provoquait une faible houle, poussant les vagues en direction de Vaitape. Deux kilomètres au sud-est, sur la côte de l'île, Tanja devina les lumières du chef-lieu.

Elle mit le cap à l'ouest et franchit la passe de Tevanui, puis longea la barrière de corail vers le sud. Côté océan, les vagues étaient un peu plus grosses. Elles s'élevaient à l'approche du récif, roulaient et s'écrasaient en provoquant un bruit sourd continu. En cet endroit de l'île, la frontière entre l'océan et le lagon n'était marquée que par une longue ligne d'écume.

Immobile, le *Barracuda* était à quelques centaines de mètres devant elle. Tanja ralentit, coupa le moteur et continua à la rame, en prenant garde de ne pas dériver contre le récif corallien. Au clair de lune, elle finit par apercevoir la forme du yacht bercé par la houle. La cabine était illuminée.

En s'approchant, Tanja devina la chaîne de l'ancre. Elle se dirigea vers la proue du bateau, attacha une amarre autour de la chaîne et rangea les rames. Puis elle fouilla dans le sac étanche et prit le couteau à cran d'arrêt. Sans se soucier des éventuels prédateurs qui nageaient dans les fonds océaniques, ni de sa blessure qui saignait encore, Tanja descendit dans l'eau et se mit à nager vers l'arrière du yacht.

À la poupe, elle trouva une petite échelle qui menait à la plage arrière à fleur d'eau, s'accrocha aux barreaux et grimpa. De la plage arrière, un petit escalier menait sur le pont. Tanja resta accroupie quelques secondes et écouta. Il n'y avait aucun bruit, hormis celui des vagues qui s'écrasaient sur le récif à une centaine de mètres à l'est du yacht.

Tanja monta les marches de l'escalier une à une, lentement, le couteau à la main. Quand ses yeux parvinrent à la hauteur du pont, elle s'arrêta net. Une silhouette lui faisait face et la dominait, quelques mètres devant elle. Le canon d'une arme de poing était braqué sur elle.

61

« Les Bernheim ou toi, dit la sexagénaire, je ne savais pas qui je devrais accueillir. Je suis contente que ce soit toi. Où sont-ils ?

— Morts », répondit Tanja.

Judith parut soulagée.

« C'est très bien ainsi. J'étais sûre que tu réussirais.

— Je n'ai rien réussi. Ma mère est morte, elle aussi. À cause de toi.

— Je suis désolée, dit Judith d'une voix presque sincère.

— Où est mon fils ? »

Judith baissa son arme et répondit d'une petite voix :

« Dans la cabine.

— Je veux le voir.

— Ce n'est pas une bonne idée.

— Pourquoi ?

— Je crains de ne pas avoir réussi à tenir ma promesse. »

Tanja ouvrit de grands yeux, une vague de panique la submergea ; elle gravit les dernières marches qui menaient sur le pont. Judith releva son arme, Tanja s'arrêta et cria :

« Qu'est-ce que tu lui as fait ?

— Rien.

— Qui est avec lui ?

— Personne. Mais... »

Judith hésita. Tanja voyait maintenant distinctement son visage, ses yeux étaient rouges, elle avait pleuré.

« Mais quoi ? aboya Tanja.

— Je suis désolée... J'ai été complètement aveuglée par la haine, j'ai fait n'importe quoi, je n'ai jamais voulu tout ça. »

Judith baissa à nouveau son bras, elle regarda le pistolet et hésita. Puis, sous les yeux incrédules de Tanja, elle jeta l'arme par-dessus bord. Le pistolet disparut dans les flots.

Tanja se précipita sur Judith, éjecta la lame du couteau à cran d'arrêt et la plaqua contre sa gorge.

« Laisse-moi passer ! hurla Tanja. Qu'est-ce que tu as fait à mon fils ? »

Judith ne répondait pas. Elle recula vers le bastingage. Tanja avançait, le couteau toujours appuyé contre la carotide de la sexagénaire. Soudain, une voix surgit de nulle part.

« *Nënë...* »

Tanja tourna la tête. Loran était là, dans l'encadrement de la porte de la cabine. Il avait l'air fatigué, mais il était vivant. Tanja vacilla, des larmes de joie inondaient ses yeux. Elle dévisagea Judith, cherchant en vain une explication. Puis elle regarda à nouveau son fils.

« Loran, retourne dans la cabine et attends-moi. Je dois discuter avec cette dame. J'arrive, mon amour. »

L'enfant obéit et disparut à l'intérieur. Tanja regarda à nouveau Judith.

« Qu'est-ce que ça veut dire ? »

Judith ne répondit pas et baissa les yeux. Tanja appuya la lame contre sa gorge, Judith releva les yeux.

« Où est le polonium ? demanda doucement Tanja.

— Au fond de l'océan. Je te l'ai dit, il était hors de question que les Bernheim le rapportent en Europe.

— Et si c'étaient eux qui étaient sortis vivants du bunker, que se serait-il passé ?

— Ils m'auraient sûrement éliminée.

— Et Loran aussi.

— Mais ça ne s'est pas passé ainsi. De toute façon, quel que soit le scénario, je suis morte. Parce que si les Bernheim ne me tuent pas, c'est toi qui vas le faire. J'attends ce moment depuis si longtemps : rejoindre ma fille.

— Il existait d'autres méthodes. »

Judith baissa à nouveau les yeux. Tanja perçut chez elle un sentiment de honte. La sexagénaire vivait avec des idées suicidaires depuis des décennies, mais elle n'avait jamais osé passer à l'acte. Tanja s'était trompée, il n'y avait pas de piège. Judith était simplement devenue un monstre de contradictions, prisonnière de son passé de fidèle servante de l'État, détruite par la mort de sa fille causée par ce même employeur. Depuis trente ans, Judith attendait que la mort la délivre.

Tanja reprit :

« Caroline, c'est toi qui l'as assassinée, n'est-ce pas ? Pas les Bernheim, la méthode ne leur ressemble pas.

— Quelle différence ? murmura Judith. Et tu ne la connaissais même pas. Elle n'était qu'un dommage collatéral, un grain de sable dans l'engrenage. »

Tanja fixa Judith. La lame aurait pu glisser froidement sur sa gorge, sectionner sa carotide d'un coup sec, affaire réglée. Mais Tanja revit dans son esprit le corps de Caroline et celui du docteur Temauri, les meurtres de la mère d'Anui et du Polynésien, la mort de sa propre mère. Tant de victimes inutiles pour une vengeance absurde.

Tanja éloigna lentement le couteau de la gorge de Judith. Un instant, la sexagénaire resta étonnée, puis sourit tristement. Judith n'aurait jamais dû sourire. Tanja frappa.

La lame pénétra dans le biceps droit de Judith et ressortit aussitôt. La sexagénaire ne cria même pas, la surprise étouffa sa douleur. Elle regarda le sang couler de son bras.

Judith avait compris, parce qu'elle avait fait exactement la même chose à Caroline. Tanja l'avait compris aussi, et Judith ne se débattit même pas quand Tanja l'agrippa par la taille, la souleva de toutes ses forces et la balança par-dessus bord.

Judith disparut sous la surface de l'océan, puis émergea après quelques secondes. Elle se mit à nager sur place en faisant des mouvements de brasse, passa une main sur son visage pour dégager ses cheveux mouillés et éclata de rire. Un rire décousu, un rire qui n'avait aucun sens.

« Ça ne marche pas comme ça ! cria-t-elle à Tanja qui la regardait depuis le pont.

— Je sais, répondit l'ex-inspectrice. Le *shark*

feeding… je me suis documentée après la mort de Caroline. »

Tanja leva le seau qu'elle venait de ramasser sur le pont, à côté du matériel de pêche et de plongée. Elle renversa le contenu par-dessus bord. Les poissons morts et l'eau salée mêlée de sang tombèrent juste à côté de Judith, qui se mit à nager plus nerveusement.

Judith essayait de s'éloigner des appâts, quand une force invisible l'attira soudain vers le fond. Quand elle émergea à nouveau, elle hurla, se débattit. Ses bras gesticulaient dans tous les sens au milieu d'un bouillon qui devenait de plus en plus rouge. Tanja devina un aileron triangulaire crever furtivement la surface, deux grands corps fuselés, peut-être trois, s'acharner sur leur proie.

En moins d'une minute, tout fut terminé.

62

Tanja se précipita dans la cabine. Elle vit son fils couché sur la banquette et courut vers lui.

« Loran ! »

Les yeux mi-clos, l'enfant releva la tête, la regarda et murmura :

« *Nënë…* »

Il était faible, son teint était pâle, il transpirait. Elle s'assit à côté de lui et posa une main sur son front brûlant. « Je crains de ne pas avoir réussi à tenir ma promesse. » La phrase de Judith résonnait dans l'esprit de Tanja, elle comprit ce qu'elle avait voulu lui dire. Le film de protection posé entre la peau de l'enfant et le poison radioactif n'avait pas suffi. Il n'y avait pas une minute à perdre.

Tanja leva les yeux : quelques marches menaient à la passerelle de pilotage.

« Je reviens, mon amour, ça va aller. Maman va te conduire à l'hôpital. »

Tanja se releva, se précipita vers le petit escalier, monta et s'installa à la barre. Elle regardait les boutons, cherchait la clé de contact, quand ses yeux s'arrêtèrent sur une photographie un peu jaunie scotchée au milieu du volant.

La photo représentait une fillette souriante, debout à côté d'une vieille Renault 25 des années 1990. Pour la première fois, Tanja voyait Tania, la fille de Judith.

Pourquoi la sexagénaire avait-elle collé cette photo à cet endroit ?

Tanja décolla la photo et la retourna. Au dos, il n'y avait aucune inscription, hormis une date à moitié effacée. Et pourtant, Tanja était convaincue que cette photo était un message de Judith. Un message posthume. Au fond, Judith et Tanja n'étaient pas si différentes : quand elles préparaient une mission, elles ne laissaient jamais rien au hasard.

La fille de Judith, la voiture, l'explosion. Les Bernheim n'auraient pas pu comprendre ce message. Ils auraient tourné la clé de contact. Tanja, elle, le comprit. Le message était pour elle : Judith avait piégé le yacht.

Tanja fit demi-tour, retourna auprès de son fils. Il allait de plus en plus mal, ses yeux se révulsaient. Elle lui tapota les joues.

« Loran, tu ne dois pas t'endormir. Tiens bon, sois fort. Maman est là ! »

Elle le prit dans ses bras, le porta et l'emmena sur la plage arrière du *Barracuda*. Elle le déposa sur le sol, puis remonta sur le pont, contourna la cabine et se rendit à la proue. Elle enjamba le bastingage, passa de l'autre côté et se suspendit dans le vide. Ses pieds trouvèrent la chaîne de l'ancre, elle l'entoura de ses jambes. Puis se laissa descendre jusqu'à la coquille de noix.

Tanja détacha l'amarre, mit le moteur en marche et se dirigea vers la poupe du yacht. Elle arrima la frêle embarcation à l'échelle, récupéra son fils et partit.

Loran était couché au fond du petit bateau, il ne bougeait pratiquement pas. Ses lèvres frémissaient, il devait gémir, mais le bruit du moteur couvrait le son de sa voix.

Tanja se dirigeait vers la passe de Tevanui en longeant la barrière de corail quand elle entendit soudain un claquement métallique. Elle se retourna, et vit que le moteur s'était mis à fumer et à pétarader.

Non, pas maintenant !

Après une centaine de mètres, le moteur rendit l'âme.

Tanja lâcha un juron, sortit l'hélice de l'eau et installa les rames. La houle poussait dangereusement la coquille de noix vers le récif à fleur d'eau. Les vagues se soulevaient et menaçaient d'emporter l'embarcation dans le rouleau.

Dans la nuit, Tanja voyait la ligne d'écume se rapprocher, entendait le fracas des vagues grossir. Elle redoubla d'efforts pour ramer à contre-courant et s'éloigner du récif. En vain.

Le petit bateau fut entraîné irrémédiablement vers la barrière de corail. Tanja passa son sac étanche dans son dos et dirigea le bateau dans le sens des vagues. Avec un peu de chance, il franchirait l'écueil comme un kayak dans des rapides. Quand Tanja devina le creux de deux ou trois mètres qui s'ouvrait devant elle, elle comprit que ça ne marcherait pas.

La vague submergea le récif, Tanja se jeta à plat ventre sur Loran, l'agrippa par la taille et le serra contre elle. Elle sentit le bateau prendre de la vitesse, piquer du nez et se retourner.

Durant une fraction de seconde, elle pensa aux risques de chocs, avec le bateau, avec le corail. Serrant Loran de toutes ses forces, elle se mit en boule, rentra la tête et contracta ses muscles. La suite fut comme si elle s'était retrouvée dans une grosse machine à laver en mode essorage. Le haut, le bas, la droite, la gauche. Partout, il y avait de l'eau.

63

Tanja refit surface. Elle toussa, cracha de l'eau. Elle tenait toujours Loran dans ses bras. Ses pieds devinaient le fond du lagon, du sable, des morceaux de coraux. Elle tenta de se mettre debout, tomba et se redressa plusieurs fois, sans lâcher son fils.

Quand elle retrouva l'équilibre, Tanja retourna Loran contre sa poitrine et regarda son visage. L'enfant ne réagissait plus. Elle cria son nom, le secoua. Il reprit connaissance, cracha de l'eau à son tour. Elle l'aida en tapotant dans son dos.

« Ça va aller, mon amour, ça va aller… »

Son fils respirait difficilement. Tanja regarda autour d'elle. Elle était au milieu de nulle part, entourée d'eau peu profonde. Loin derrière elle, les vagues continuaient de battre le récif corallien. Il n'y avait plus trace du bateau, il avait dû être pulvérisé. La pleine lune éclairait le fond à travers l'eau cristalline. Un fond beige avec des taches plus foncées ; des coraux et des pierres jonchaient le sable blanc.

À deux cents ou trois cents mètres devant elle, Tanja devina une grande forme sombre au ras de la surface, avec des silhouettes d'arbres qui se détachaient dans la nuit. C'était un petit motu inhabité.

Tanja marcha péniblement en direction de l'îlot. L'eau lui arrivait à la poitrine. De temps à autre, il lui semblait voir une ombre furtive passer tout près d'elle et s'éloigner. Puis elle devina un petit aileron noir qui tournait autour d'elle et de son fils. La forme fuselée ne devait pas mesurer plus d'un mètre. Elle en vit un deuxième, puis un troisième, et pensa à sa blessure. Les pointes noires du lagon étaient peut-être attirées par le sang.

Les requins ne devaient surtout pas sentir sa peur. Tanja fit mine de les ignorer et accéléra le pas en direction du motu, sans mouvements brusques. Sur son tracé, elle dérangea deux raies pastenagues. Les rectangles noirs s'éloignèrent en ondulant sous la surface et disparurent. Quand elle atteignit enfin le sable ferme du motu, Tanja s'effondra sur la plage, épuisée, avec Loran dans les bras, pesant comme une masse molle sur sa poitrine.

Tanja ne voyait que son crâne chauve qui écrasait son sein gauche. Elle murmura son nom. Il ne réagit pas. Elle le poussa sur le côté et le coucha sur le dos à côté d'elle.

« Loran, mon amour, réveille-toi. »

Elle posa deux doigts sur le cou de son fils, le pouls était faible. Elle se pencha et colla une oreille sous son nez, il respirait à peine.

« Loran, je t'en supplie… »

Les pensées de Tanja partaient dans tous les sens, elle se sentait impuissante, perdue dans un lieu où les secours tarderaient à arriver. Elle se releva et, comme si elle entamait une danse incantatoire, se mit à tourner sur la plage sauvage. Elle devenait à moitié folle. L'idée de perdre son fils lui était insupportable. Elle s'était fait une promesse à elle-même : jamais elle ne survivrait à son enfant.

« *Et que comptes-tu faire pour tenir cette promesse ?* lui dit une petite voix.

— Je ne sais pas. Tu as une idée, toi ? Aide-moi, je t'en prie.

— *T'aider ? Toi, l'égoïste ? Toi qui n'as jamais été à la hauteur pour protéger les tiens ? Toi qui n'as jamais été une bonne mère ? Toi qui m'as abandonnée ? Maintenant, je devrais t'aider ?*

— Je t'en supplie… tu es mon amie…

— *Ton amie ? Mais je suis bien plus que ça !*

— Dans ce cas, dis-moi ce que je dois faire !

— *Sais-tu encore qui tu es ?*

— Je m'appelle Tanja Stojkaj.

— *En es-tu vraiment sûre ? Et si Judith avait raison ?*

— Raison sur quoi ?

— *À force de multiplier les légendes, une agente oublie parfois sa réelle identité.*

— Mais je sais qui je suis !

— *Dans ce cas, si tu veux vraiment tenir la promesse que tu t'es faite, je ne vois qu'une solution.*

— Laquelle ?

— *Tu dois mourir avant ton fils, Tanja !* »

64

La nuit polynésienne enveloppait de son voile le petit motu inhabité : quelques centaines de mètres carrés de sable blanc avec, au centre, une forêt de ces pins australiens qu'on appelle ici *aito* et, de l'autre côté du lagon, après la pointe nord de Toopua, les lumières dansantes de Vaitape, la ville principale de Bora-Bora. Mais la femme ne les voyait pas. Elle marchait le long de la plage tête baissée, son fardeau dans les bras, arpentant ce coin de paradis qui était devenu pour elle un enfer.

Elle était épuisée. Ses pieds nus foulaient lourdement le sable tiédi par la nuit. Il faisait encore doux, une bonne vingtaine de degrés. Bientôt, l'aube laisserait place à une nouvelle journée radieuse, le thermomètre monterait au-dessus de trente degrés.

La femme portait dans ses bras un enfant qui n'était pas le sien, un petit garçon de deux ans. Il dormait, épuisé lui aussi, et affaibli par le mal qui le rongeait de l'intérieur. Il avait besoin de soins.

L'enfant ignorait que les dernières heures avaient été fatales à sa mère et à sa grand-mère. La femme ne lui avait rien dit. Aurait-il seulement compris ? Elle ne se sentait pas la force de lui expliquer.

Le lagon était calme. Un léger vent d'est balayait la cime des *aito*. Le sifflement de l'alizé se confondait avec le lointain bercement des vagues retenues par la barrière de corail. La femme s'accroupit et déposa délicatement l'enfant endormi sur le sable. Elle grimaça en se redressant, son corps tout entier la faisait souffrir. Une douleur diffuse irradiait son dos, ses articulations craquaient comme celles d'une vieille, la plante de ses pieds écorchés par les coraux n'était plus que lambeaux. Sur la plage du petit motu, des traces de sang marquaient son cheminement sur le sable.

Elle fit un effort pour dégager le petit sac étanche de son dos endolori, ses épaules et sa nuque craquèrent. Elle ouvrit le sac et sortit le téléphone crypté que Tanja lui avait remis. Les deux numéros figuraient parmi les derniers appels.

Elle composa d'abord un +689, indicatif de la Polynésie française. L'heure importait peu, on lui répondit. Elle parla d'un ton détaché, presque absent ; son interlocuteur lui fit répéter son récit pour s'assurer du sérieux de l'appel, puis lui demanda de ne pas bouger, un bateau allait arriver.

La femme composa ensuite le second numéro, un +41, l'indicatif de la Suisse. La voix qui lui répondit annonça spontanément d'un ton enjoué :

« Bonjour, amour !

— Bonjour, répondit la femme d'une voix hésitante. Je… je ne suis pas qui vous croyez. »

À en juger par le bruit de fond, son interlocutrice devait être en voiture.

« Tanja, c'est toi ?

— Non, je ne suis pas Tanja. Je suis désolée. Je…
— Qui êtes-vous ?
— Peu importe qui je suis. Vous êtes Flavie ?
— Oui.
— J'ai quelque chose à vous dire…
— Que se passe-t-il ? Où est Tanja ? »

La femme ne savait pas comment l'annoncer à cette inconnue. Tanja lui avait un peu parlé de Flavie, sans entrer dans les détails. Elle lui avait simplement demandé de la prévenir s'il lui arrivait malheur. Elle hésita, puis dit abruptement :

« Tanja est morte. Je suis désolée. »

Elle raccrocha et éteignit son téléphone. Flavie rappellerait immanquablement. L'idée de devoir lui donner des explications, d'entendre ses pleurs lui était insupportable.

« Je suis désolée », répéta-t-elle plusieurs fois.

Vingt minutes plus tard, le petit bateau de la brigade territoriale de Bora-Bora accosta sur la plage du motu Tapu. Les deux gendarmes trouvèrent la femme et l'enfant à l'endroit qu'elle avait indiqué par téléphone. Elle les supplia de conduire en priorité le petit garçon dans l'hôpital le plus proche.

« C'est votre fils ? demanda une gendarme.
— Non, il vient de perdre sa mère.
— Comment s'appelle-t-il ?
— Loran.
— Et sa mère ? demanda son collègue qui s'était agenouillé à côté de l'enfant étendu sur le sable.
— Elle s'appelait Tanja Stojkaj, répondit la femme, des larmes plein les yeux. Elle est morte cette nuit. »

Gonnet ouvrit de grands yeux étonnés.

« Mais c'est vous, Tanja Stojkaj, non ?

— Non, répondit la femme complètement désorientée. Tanja est morte. Mon nom est Alba, Alba Dervishaj. Tanja m'a confié son fils, je dois prendre soin de lui. »

Lettermann examina rapidement Loran.

« Mais, madame… cet enfant est mort.

— Bien sûr que non ! s'offusqua la femme en continuant de pleurer. Il va bien, il dort. Surtout, ne faites pas de bruit, il se repose. Il a besoin de sommeil. »

Les gendarmes se regardèrent, incrédules. Lettermann fit un signe de la main, Gonnet comprit qu'elle devait appeler les secours. Pour l'enfant, il était trop tard. Mais sa mère était en état de choc, elle avait besoin de soins.

Gonnet s'éloigna pour téléphoner au dispensaire de Vaitape. Quand elle revint, son supérieur lui montra le résultat d'une recherche qu'il venait de faire sur l'identité d'Alba Dervishaj. La photo du fichier Schengen représentait une femme aux cheveux longs, mais il n'y avait pas de place au doute, son visage correspondait à la femme de la plage. Alba Dervishaj était signalée sous mandat d'arrêt international par la Suisse.

La fiche internationale de recherche indiquait un numéro de téléphone à contacter en cas d'arrestation de l'intéressée. Lettermann regarda sa montre. Il était 5 heures du matin, 17 heures en Europe. Il s'éloigna à son tour et composa le numéro. Une femme s'annonça :

« Flavie Keller…

— Bonjour, madame, je suis le major Lionel Lettermann, de la gendarmerie de Bora-Bora en Polynésie française. Puis-je savoir à qui j'ai affaire ?

— Je suis greffière au ministère public à Neuchâtel, en Suisse. En quoi puis-je vous aider ? »

Lettermann lui résuma la situation. Au terme de son récit, il sentit son interlocutrice fortement affectée par ce qu'il venait de lui raconter. Elle le remercia d'une toute petite voix et raccrocha. Le major rejoignit sa collègue.

« Qu'est-ce qu'on fait ? demanda Gonnet.

— Nous n'avons pas le choix, nous devons l'arrêter. »

La gendarme sortit ses menottes et regarda cette femme dont elle n'avait pas vraiment retenu le nom de famille. Alba quelque chose, *alias* Tanja Stojkaj. Elle était assise dans le sable, berçait tendrement son fils et lui chantait une chanson douce. Gonnet sentit son estomac se nouer ; elle hésita, puis elle rangea les menottes. Elle les ressortirait, mais plus tard.

Épilogue

Sur le parking de l'ancien hôpital de la Béroche, les gyrophares des véhicules d'intervention lançaient des éclairs dans la grisaille.

Le commissaire Garcia et le procureur Jemsen recevaient les premiers soins, assis à l'arrière d'une ambulance. Un peu plus loin, deux employés des pompes funèbres sortaient une housse en plastique et un brancard d'un corbillard. Grâce à l'aide de Tanja Stojkaj, la police venait de mettre un terme aux agissements meurtriers de Matthias Hodler.

Flavie était un peu à l'écart, elle téléphonait. Quand elle raccrocha et revint vers l'ambulance, le procureur remarqua que sa greffière était au bord des larmes.

« Qu'est-ce qui se passe ? demanda-t-il.

— C'est Tanja…, répondit-elle.

— Quoi, Tanja ?

— J'ai reçu un étrange coup de téléphone, sur la route entre Marsens et ici. Je n'ai rien compris. Une femme, que je ne connais pas, prétendait que Tanja était morte, puis elle a raccroché. J'ai d'abord cru à une mauvaise plaisanterie. Et là… »

Elle ravala un sanglot.

« Là, reprit-elle avec peine, c'est la gendarmerie française qui m'appelait de Bora-Bora… »

Flavie s'écroula en pleurs dans les bras de Jemsen.

Le procureur mit un certain temps à calmer sa greffière et à obtenir des explications compréhensibles. Quand enfin il comprit la situation, il fut lui-même submergé par un flot de tristesse.

Garcia, qui avait tout entendu, demanda :

« Flavie, ce gendarme a-t-il parlé de ce qui allait se passer, maintenant ?

— Il a dit qu'il attendait les directives du parquet. Normalement, les corps de Loran et d'Erina Stojkaj devraient être rapatriés en Suisse après autopsie. Quant à Tanja, elle devrait être incarcérée à la prison de Papeete dans l'attente de son extradition. Mais il a dit qu'avec la procédure française ça pourrait prendre plusieurs mois.

— Est-il envisageable que nous nous rendions à Tahiti pour entendre Tanja dans le cadre d'une commission rogatoire internationale ? demanda Jemsen. Ce ne serait évidemment qu'un prétexte, mais nous pourrions au moins lui apporter notre soutien. »

Flavie renifla, essuya ses larmes et répondit :

« C'est impossible. Les Français n'acceptent pas l'audition, sur leur territoire, d'un prévenu placé en détention extraditionnelle. Nous devons attendre son extradition.

— Pouvons-nous au moins accélérer la procédure d'extradition ?

— Ça ne dépend pas de nous, mais de Tanja.

— Comment ça ?

— Tout dépendra si elle accepte son extradition ou s'y oppose.

— Aurait-elle des raisons valables de s'y opposer ?

— Je ne sais pas.

— Je crains, hélas, conclut Garcia, que nous ne puissions qu'attendre. Mais le jour où Tanja atterrira à Genève avec son escorte, nous serons là pour elle. »

Du même auteur :

HORRORA BOREALIS, Le Livre de Poche, 2018
LE MIROIR DES ÂMES, Slatkine & Cie, 2018
L'OMBRE DU RENARD, Slatkine & Cie, 2019
L'ENGRENAGE DU MAL, Slatkine & Cie, 2020
RESTEZ CHEZ VOUS, Slatkine & Cie, 2020
LE CALENDRIER DE L'APRÈS, Slatkine & Cie, 2020
HERESIX, Slatkine & Cie, 2021
BRUME ROUGE, Slatkine & Cie, 2022
LE PHILATÉLISTE, Rosie & Wolfe, 2023

RETROUVEZ NICOLAS FEUZ AU LIVRE DE POCHE

PAPIER CERTIFIÉ

Le Livre de Poche s'engage pour l'environnement en réduisant l'empreinte carbone de ses livres. Celle de cet exemplaire est de :
350 g éq. CO_2
Rendez-vous sur
www.livredepoche-durable.fr

Composition réalisée par Soft Office

Achevé d'imprimer en mars 2024 en Espagne par
Liberduplex
Dépôt légal 1re publication : avril 2024
LIBRAIRIE GÉNÉRALE FRANÇAISE
21, rue du Montparnasse – 75298 Paris Cedex 06

40/3950/0